Günther Beckstein
Die Zehn Gebote
Anspruch und Herausforderung

GÜNTHER BECKSTEIN

Die Zehn Gebote

Anspruch und Herausforderung

SCM Hänssler

SCM
Stiftung Christliche Medien

Dieses Werk einschließlich aller seiner Teile ist urheberrechtlich geschützt. Jede Verwendung außerhalb der engen Grenzen des Urheberrechtsgesetzes ist ohne vorherige schriftliche Einwilligung des Verlages unzulässig und strafbar. Das gilt insbesondere für Vervielfältigungen, Übersetzungen und die Einspeicherung und Verarbeitung in elektronischen Systemen.

© der deutschen Ausgabe 2011
SCM Hänssler im SCM-Verlag GmbH & Co. KG · 71088 Holzgerlingen
Internet: www.scm-haenssler.de; E-Mail: info@scm-haenssler.de

Die Bibelverse sind, wenn nicht anders angegeben, folgender Ausgabe entnommen: Lutherbibel, revidierter Text 1984, durchgesehene Ausgabe in neuer Rechtschreibung, © 1999 Deutsche Bibelgesellschaft, Stuttgart.

Redaktionelle Mitarbeit: Hans-Joachim Vieweger
Umschlaggestaltung: Kathrin Retter
Titelbild: Süddeutsche Zeitung Photo/ Pfeiffer, Gerd
Satz: typoscript GmbH, Walddorfhäslach
Druck und Bindung: CPI – Ebner & Spiegel, Ulm
Printed in Germany
ISBN 978-3-7751-5191-7
Bestell-Nr. 395.191

Inhalt

Vorwort 9
Einführung 11

I. Dem Allerhöchsten verantwortlich 13
   Im Zentrum: Die Menschenwürde 15
   Als Christ in der Politik, als Innenminister
   in der Synode 17
   Der Unterschied zwischen Pfarrer und Politiker 18
   Luthers Unterscheidung der Zwei Reiche 23
   Das Verständnis der Zehn Gebote 27

II. Vom Ewigen Gott zur Freiheit berufen 31
   1. Gebot 33
     Wenn Geld, Macht und Sex zum Götzen werden 34
     Religionspluralismus und Wahrheitsanspruch 36
     Verhältnis zum Islam 39
       Für ein offenes Gespräch mit Muslimen 41
       Gefahren durch islamistischen Extremismus und
       Fundamentalismus 42
       Konsequenzen für die Politik 44
       Streitthemen: Moscheen, Burka, Kopftuch 45
       Der Unterschied zwischen Kopftuch und
       Ordenstracht 48
     Selbstbewusster Dialog:
       Wir glauben nicht an denselben Gott! 52
     Der fehlende Gottesbezug 55
   2. Gebot 56
     Blasphemie im Namen der Kunstfreiheit? 57
     Der Streit um das hohe »C« 59
       Was »christliche Politik« bedeuten kann –
       und was nicht 62

3. Gebot	65
Warum uns der Sonntag heilig sein sollte	66
Lockerung des Sonntagsschutzes?	68
Für die Wiedereinführung des Buß- und Bettages	70
4. Gebot	72
Die »alten« Eltern ehren	73
Erziehung ist zuerst Elternsache	75
Kinder brauchen Zuwendung und Zeit	77
Dank an die Großeltern	78
Gegen das Gerede von der »Herdprämie«	79
Aufgaben der Wirtschaft	81
Demografie und Generationengerechtigkeit	82
Wie uns die Staatsverschuldung belastet	86
Kinder sind ein Segen	90
5. Gebot	91
»Krieg soll nach Gottes Willen nicht sein!«	94
Die Debatte um den »gerechten Krieg«	96
»Finaler Rettungsschuss«	100
Amoklauf an Schulen – was ist zu tun?	101
Kinder fördern – und ihnen Grenzen setzen	102
Ja zum Leben – von Anfang an	105
Beratung *für* das Leben	108
Mein Nein zur »Rosenheimer Erklärung«	111
Grenzen der Medizin	112
»Sterbehilfe« und Sterbebegleitung	116
Nicht töten, aber sterben lassen	119
6. Gebot	121
Meine Frau ist in jeder Hinsicht ein Glücksfall	121
Die Ehe – eine gute Gabe Gottes	123
Wie ist das mit Scheidungen?	126
An die Kinder denken	128
Ehe versus Lebenspartnerschaft	129
7. Gebot	133
Das Soziale neu denken	134

Was Soziale Gerechtigkeit heute bedeutet	135
Eigentum verpflichtet	138
Steuerrecht und Steuerhinterziehung	140
8. Gebot	143
Worte haben Wirkung	144
Die Bedeutung der Medien	147
Kritik ist leicht, Konstruktives schwer	149
Missbrauch der Meinungsfreiheit	153
9. Gebot	155
10. Gebot	155
Macht in der Politik	156
Der Traum vom Ministerpräsidenten-Amt	158
Spannende Stunden in Kreuth	160
Wettbewerb und Moral	163
Von der Finanzkrise zur Schuldenkrise	164
Ja zum Gewinn, aber auch zur Verantwortung	166
Zurück zu den Prinzipien der Sozialen Marktwirtschaft	168
»Das Maß der Wirtschaft ist der Mensch.«	169
Ethik währt am längsten	172
»Das Maß des Menschen ist sein Verhältnis zu Gott.«	173
III. Gott vergibt – und er gibt Kraft	175
Gesetz und Evangelium	176
Mut zur Verantwortung, Demut vor Gott	179
Umgang mit Fehlern	181
Der Glaube trägt – auch in Niederlagen	183
Anstelle eines Nachworts: Gedanken zu Psalm 90	186
Bildnachweis	190
Anhang	191

Vorwort

Vor einigen Jahren schrieb ein Journalist über mich: »Wenn man Günther Beckstein mit dem von seiner Frau selbst gestrickten Pullover in der evangelischen Kirche in Nürnberg-Langwasser antrifft, wirkt er fast schon sympathisch; doch wenn er dann wieder am Schreibtisch des Innenministeriums sitzt, ist er ein dreiviertelter Teufel...«

Diese Unterscheidung zwischen dem »Law-and-order«-Mann Beckstein auf der einen und dem Kirchenmann Beckstein auf der anderen Seite zog sich immer wieder durch die Medien. Doch ich glaube, dass diese Journalisten mich damit nicht richtig getroffen haben. Mein Christ-Sein ist mir im Politischen genauso wichtig wie im Privaten. Als Christ muss ich mich immer fragen, ob ich mein Handeln vor Gott verantworten kann, egal ob als Politiker oder als Rechtsanwalt, als Ehemann und Vater, oder als Kirchenvorstand und Synodaler. Der einzige Unterschied besteht darin, dass mit den verschiedenen Rollen unterschiedliche Aufgaben verbunden sind – ein Gedanke, der sich übrigens gerade in der Theologie meiner lutherischen Kirche, insbesondere in der Zwei-Reiche-Lehre Luthers, wiederfindet. Man kann es auch so formulieren: Ein Politiker muss im Sinn der Verantwortungsethik Max Webers die Folgen seines Tuns prüfen, die gute Gesinnung allein reicht nicht.

Das Wissen um die Verantwortung vor Gott führt jedoch zur Frage, woran man sich orientieren kann, um dieser Verantwortung gerecht zu werden. Allerdings reicht die Frage nach Orientierung weiter: Eine Antwort darauf sind die Zehn Gebote der Bibel: deutliche Anweisungen, Maßstäbe und Leitplanken für ein gelingendes Leben. Sie bieten Orientierung – gerade in einer Zeit, in der viele den Verlust von Werten beklagen, aber nicht wissen, woher diese Werte kommen sollen. Die Zehn Gebote sind Anspruch und Herausforderung – auch für mich.

Es ist sicher gewagt, wenn ich als Nicht-Theologe meine Überlegungen zu den Zehn Geboten und meine Erfahrungen mit ihnen in die Diskussion einbringe. Keinesfalls ist damit der Anspruch verbunden, ein wissenschaftlich-theologisches Werk vorlegen zu wollen. Dieses Buch möchte vielmehr einen Einblick geben in meinen Versuch, zwischen politischem Denken und christlicher Grundüberzeugung die richtigen Entscheidungen zu treffen. Ich hoffe, mit diesen Gedanken auch Ihnen als Lesern Impulse für eine Auseinandersetzung mit den Zehn Geboten geben zu können.

Nürnberg, im November 2010
Günther Beckstein

Einführung

Wenn ich von meinem Schreibtisch aufblicke, trifft mein Blick den heiligen Antonius. Das mag zunächst erstaunen. Ist doch Protestanten Heiligenverehrung fremd. Dennoch begleitet mich seit einigen Jahren diese geschnitzte Heiligenfigur, die den portugiesisch-italienischen Franziskanermönch Antonius von Padua darstellt, den Heiligen der Bettler. Antonius (1195–1231) entstammte einer reichen Familie, wählte aber ebenso wie sein Zeitgenosse Franziskus von Assisi ein Leben in Armut, um als Mönch das Evangelium zu predigen. Es wird überliefert, dass Antonius sich völlig mittellos, nur mit einer Kutte bekleidet, aber voller Vertrauen auf Gott auf den Weg nach Afrika machte. Seine Berufung zur Armut begründete er damit, dass Jesus Christus selbst, »ob er wohl reich ist, doch arm ward um unseretwillen, damit wir durch seine Armut reich würden« (2. Korinther 8,9). Zu diesem Lob der freiwillig gewählten Armut kam bei Antonius ein starkes Engagement für die Armen. Er verteidigte sie energisch gegenüber den Mächtigen und Reichen, sodass ein Mitbruder von ihm schrieb: »Zu unserer Zeit haben wir nie von einem so sanften Ratgeber der Armen und einem so harten Ankläger der Reichen gehört.«

Als ich im Oktober 2007 in das Amt des Bayerischen Ministerpräsidenten gewählt wurde, nahm ich diese Statue aus dem Innenministerium mit: Sie bekam den Platz, den zuvor eine Büste von Franz Josef Strauß im Amtszimmer in der Staatskanzlei innegehabt hatte. Nicht, dass ich etwas gegen Strauß hätte, aber Antonius war mir als persönlicher Begleiter einfach wichtiger. Bei einem Interview darauf angesprochen, sagte ich zur Begründung: »Antonius erinnert mich an die Armen und daran, dass vor Gott der Bettler die gleiche Würde hat wie der Mächtige. Der Arme wie der Reiche, der Behinderte wie der Olympiasieger oder eben der Ministerpräsident. Und manchmal schaue ich mitten in den Geschäften zu dieser Figur hoch, lasse sie mir genau das sagen und schmunzle dann ein wenig zurück: Danke, ich habe verstanden.«

Ich denke, Politiker brauchen immer wieder diese Erinnerung daran, warum sie sich in die Politik einbringen. Die Versuchung ist da, alles nur unter machtpolitischen Gesichtspunkten zu sehen. Doch es geht um das Gemeinwohl, selbst dann, wenn wir uns manchmal heftig über die richtigen Ziele und – mehr noch – über die richtigen Wege streiten. Wenn aber die Verpflichtung, dem Gemeinwohl zu dienen, schwindet, bleibt das nicht ohne Folgen für das Vertrauen der Bürger in die Demokratie. Politik ist Dienst am Menschen – das muss immer wieder deutlich werden. Deshalb schmückt der heilige Antonius auch heute noch mein Büro.

I. Dem Allerhöchsten verantwortlich

»Im Bewusstsein seiner Verantwortung vor Gott und den Menschen« – so beginnt die Präambel unseres Grundgesetzes. Vor dem Hintergrund des Grauens, das der Nationalsozialismus über Europa gebracht hatte, war den Vätern des Grundgesetzes dieser Gottesbezug wichtig. »Ohne Gott ist alles erlaubt«, schrieb Dostojewski in seinem Roman »Die Gebrüder Karamasow«. Soll heißen: Nur das Bewusstsein, dass sich der Mensch einmal gegenüber seinem Schöpfer verantworten muss, bildet die entscheidende Schranke gegenüber der Gefahr der Verantwortungslosigkeit, die zum Menschen leider genauso gehört wie seine Kreativität und seine Fähigkeit zum Guten. Die Verfasser der Bayerischen Verfassung von 1946 werden noch deutlicher: »Angesichts des Trümmerfeldes, zu dem eine Staats- und Gesellschaftsordnung ohne Gott, ohne Gewissen und ohne Achtung vor der Würde des Menschen die Überlebenden des zweiten Weltkrieges geführt hat, (...) gibt sich das Bayerische Volk (...) nachstehende demokratische Verfassung.«

Ich habe versucht, diesen Gedanken nach meiner Wahl zum Ministerpräsidenten mit folgenden Worten auszudrücken: »Ich weiß, dass ich nicht der Allerhöchste, sondern dem Allerhöchsten verantwortlich bin.« Dieses Verständnis des evangelischen Christen Beckstein muss nicht jeder teilen, auch nicht jeder meiner Wähler, aber jeder sollte wissen, woran er bei mir ist. »Dem Allerhöchsten verantwortlich« – das heißt, dass man nicht nur dem Wähler, sondern auch Gott verantwortlich ist. Das heißt, sich auch in der Politik die Frage zu stellen, was das ethisch Richtige ist. Viele Menschen denken in der Kategorie, dass das ethisch Richtige vom Pfarrer gesagt wird, während der Politiker für das Pragmatische zuständig ist. Trotz unterschiedlicher Aufgaben, auf die ich später noch eingehen werde, ist diese Unterscheidung nicht richtig: Vor der Herausforderung, das ethisch Richtige und das vor Gott Ver-

antwortbare zu tun, steht nämlich jeder. Jeder Arzt, jede Lehrerin, jeder Rechtsanwalt. Jeder braucht dementsprechend auch einen Maßstab, an dem er sich orientieren kann. Diesen Grundmaßstab bilden für mich die Zehn Gebote der Bibel.
Das ist freilich kein Privatissimum! Denn unsere rechtsstaatliche Ordnung baut, neben dem Humanismus, der Aufklärung und den Idealen der Französischen Revolution von »Freiheit, Gleichheit und Brüderlichkeit«, auf dem Christentum mit seinen Wurzeln im Judentum auf. Das Wertefundament ist religiös begründet; es ist eine unverzichtbare Leistung für den Staat. Der weltanschaulich neutrale Staat, so hat es der Staatsrechtler Ernst-Wolfgang Böckenförde beschrieben, kann selbst keine ethischen Vorgaben machen, weil er sonst in der Gefahr steht, bestimmte Weltanschauungen zu bevorzugen und andere zu benachteiligen. Gleichzeitig ist der Staat aber darauf angewiesen, dass seine Bürger ein gewisses Ethos haben, ein moralisches Fundament, das wiederum die Grundlage darstellt für das Funktionieren des Zusammenlebens im Staat nach allgemein anerkannten Spielregeln. Dieses Fundament begründet sich religiös-sittlich und kann nicht durch staatlichen Interventionismus oder staatliche Erziehung entstehen, sodass Böckenförde zu seinem berühmten Diktum kommt: »Der freiheitliche, säkularisierte Staat lebt von Voraussetzungen, die er selbst nicht garantieren kann.«
Ich bin überzeugt: Nur über religiös begründete Grundwerte identifizieren sich die Bürger mit dem Staat, nehmen freiwillig und aktiv am Staatsleben teil, und nur mit diesen christlichen Werten gibt es dann wiederum eine Integration von Menschen aus anderen Kulturen, Religionen und Weltanschauungen. Daher sind die Kirchen aufgerufen, sich zu Wort zu melden und unsere christlich-abendländische Werteordnung selbstbewusst zu vertreten. Sie übernehmen damit eine wichtige gesellschaftliche Verantwortung. Gerade für die überzeugende Vermittlung unseres Wertefundaments sind die Kirchen die entscheidende Instanz und Institution.«

Im Zentrum: Die Menschenwürde

Die Bundesrepublik Deutschland ist mit ihrer Trennung von Kirche und Staat weltanschaulich neutral, doch sie ist nicht religionslos. Das Grundgesetz geht implizit von einem vorstaatlichen Recht aus, wenn es bestimmte Rechtsgüter in der sogenannten »Ewigkeitsklausel« des Artikels 78 der demokratischen Willensbildung entzieht. Dies zeigt sich am stärksten im Schutz der Menschenwürde nach Art. 1 GG: »Die Würde des Menschen ist unantastbar. Sie zu achten und zu schützen ist Verpflichtung aller staatlichen Gewalt.« Das erscheint auf den ersten Blick banal und außerhalb jeder Diskussion. Doch der Blick in die Geschichte und ins Ausland zeigt, dass der Schutz der menschlichen Würde leider nicht banal ist, sondern dass diese immer wieder mit Füßen getreten wurde. Man denke an Euthanasieprogramme im NS-Staat oder an Foltermethoden, die in anderen Staaten auch in der Gegenwart noch gang und gäbe sind. Daher stellten die Väter des Grundgesetzes dem in der Weimarer Republik vorherrschenden Rechtspositivismus in gewisser Weise den Gedanken des Naturrechts entgegen – auch wenn sich dies konkret nur schwer fassen lässt. Die Begründung dafür lieferte unter anderem der sozialdemokratische Rechtsphilosoph Gustav Radbruch (1878–1949), der lange Zeit selbst Anhänger des Rechtspositivismus war, aber 1947 bekannte: »Die Rechtswissenschaft muss sich wieder auf die jahrtausendalte gemeinsame Weisheit der Antike, des christlichen Mittelalters und des Zeitalters der Aufklärung besinnen, dass es ein höheres Recht gebe als das Gesetz, ein Naturrecht, ein Gottesrecht, ein Vernunftrecht, kurz ein übergesetzliches Recht, an dem gemessen das Unrecht Unrecht bleibt, auch wenn es in die Form des Gesetzes gegossen ist, vor dem auch das aufgrund eines solchen ungerechten Gesetzes gesprochene Urteil nicht Rechtsprechung ist, vielmehr Unrecht.« In diesem Sinn wird die Menschenwürde nicht durch Gesetz oder Verfassung zugesprochen; sie gehört vielmehr zum Mensch-Sein selbst und ist vom Staat zu achten und zu schützen.

Für den Schutz der Menschenwürde lassen sich – Radbruch deutet es an – selbstverständlich gute philosophische Gründe anführen. Dabei ist insbesondere an Immanuel Kant zu denken, der betont hat, dass jeder Mensch eben darum eine besondere Würde hat, weil er wertvoll ist. Kant folgert daraus: »Lebe so, dass du den andern Menschen jederzeit zugleich als Zweck aus sich selbst und nie bloß als Mittel brauchst.« Anders gesagt: Die Menschenwürde achten heißt, den Menschen nicht zu instrumentalisieren. Doch warum ist der Mensch wertvoll, warum darf die Würde des Einen nicht mit der Menschenwürde des Anderen verrechnet werden? Diese Fragen lassen sich meines Erachtens nur mit dem Rückgriff auf die biblische Überlieferung überzeugend beantworten. Da ist zum einen der Hinweis auf die »Ebenbildlichkeit« des Menschen mit Gott: »Und Gott schuf den Menschen zu seinem Bilde, zum Bilde Gottes schuf er ihn; und schuf sie als Mann und Frau« (1. Mose 1,27). Das ist eigentlich etwas Unglaubliches: Der Mensch ist von Gott zu seinem Ebenbild, zu seinem Gegenüber geschaffen. Das macht jeden Menschen wertvoll. Den Behinderten genauso wie den Spitzensportler, den Nobelpreisträger genauso wie den Demenzkranken – wobei wir wissen, dass auch ein Nobelpreisträger dement werden und ein Behinderter bei den Paralympics zu olympischen Ehren kommen kann.

Doch es gibt noch eine zweite biblische Begründung für die Menschenwürde. Alle Menschen sind für Gott so kostbar, dass er seinen Sohn Jesus Christus in die Welt sendet, »damit alle, die an ihn glauben, nicht verloren gehen, sondern das ewige Leben haben« (Johannes 3,16). Dabei wird der Einzelne vor Gott nicht dadurch gerecht, dass er etwas Besonderes leistet, sondern allein dadurch, dass ihm das Heil von Gott zugesprochen wird. Das ist der Kern der sogenannten Rechtfertigungslehre, die theologisch vor allem beim Apostel Paulus entfaltet wird. Was letztlich zählt, ist Gottes Gnade – und die ist für jeden gleich, für Arme und Reiche, Starke und Schwache, Deutsche und Ausländer.

Dabei ist das Prinzip der Menschenwürde nicht reine Theorie. Die Achtung der Menschenwürde hat sehr konkrete Konsequenzen. In vielen ethischen Fragen, die heute diskutiert werden, geht es zum Beispiel darum, dass niemand – auch nicht der Embryo im Reagenzglas – für die Interessen anderer »verzweckt« werden darf.

Als Christ in der Politik, als Innenminister in der Synode

Ich habe das Glück, dass ich schon früh mit dem christlichen Glauben in Berührung gekommen bin und diese Erfahrung dann auch in mein politisches Engagement einbringen konnte. Im CVJM, der damals noch Christlicher Verein Junger Männer hieß (heute sind auch die Mädchen mit dabei und der CVJM heißt Christlicher Verein Junger Menschen), habe ich nicht nur Freunde kennengelernt, sondern auch die Bibel. Als 15-Jähriger durfte ich im CVJM Nürnberg-Lichtenhof eine Jungschargruppe leiten – was mir übrigens auch dabei geholfen hat, Verantwortung für andere zu übernehmen. Das hat später mit zu jenem Schritt geführt, Verantwortung auch in der Politik zu übernehmen – 1974 wurde ich in den Landtag gewählt, 1988 als Staatssekretär vereidigt und 1993 zum Staatsminister im Bayerischen Innenministerium bestellt.

1996 wurde ich als Innenminister und CSU-Politiker in die Landessynode der Evangelisch-Lutherischen Kirche in Bayern berufen – in ein Amt, das übrigens meine Frau ein paar Jahre vor mir auch schon einmal innegehabt hatte. Meine Berufung war innerhalb der Kirche freilich umstritten und Ministerpräsident Edmund Stoiber riet mir regelrecht davon ab, diese Aufgabe wahrzunehmen. Manche meinten, ein Innenminister, der die Abschiebung abgelehnter Asylbewerber zu verantworten habe, könne nicht Mitglied in einem kirchenleitenden Organ sein. Zumal nur ein Jahr zuvor ein 28-jähriger Togoer aus Bayern abgeschoben worden war, der im Gebäude einer evangelischen Gemeinde im oberfränkischen Wunsiedel »Kirchenasyl« erhalten hatte. Nach meiner Überzeugung handelte es sich dabei, unabhängig von der rechtlichen Fragwürdigkeit des sogenannten »Kirchenasyls«, nicht um einen sakralen Raum. Der junge Mann wurde abgeschoben – eine Entscheidung, die mir nicht zuletzt der damalige Landesbischof Hermann von Loewenich schwer verübelte. Der Vollständigkeit halber erlaube ich mir darauf hinzuweisen, dass der Togoer in seiner Heimat später zugab, bei seinem Asylantrag in Deutschland gelogen zu haben.

Die Kritik, die angesichts dieser meiner Entscheidung laut wurde, weist auf ein allgemeines Problem hin, das fast jeder Christ kennt – ob er nun Innenminister ist oder einen beliebigen anderen Beruf ausübt: Wir sind als Christen in dieser Welt mit Aufgaben konfrontiert, die wir einerseits auf einem christlichen Fundament, andererseits aber auch nach unserem jeweiligen Verantwortungsbereich bewältigen müssen. Dieser Verantwortungsbereich ist mal überschaubarer, mal größer, er kann manchmal nur den Nächsten betreffen, manchmal aber auch weite Kreise der Bevölkerung. Es ist ein Unterschied, ob ich als Einzelner meinem Nachbarn helfe oder ob ich als Politiker Verantwortung für ein ganzes Land habe.

Der Unterschied zwischen Pfarrer und Politiker

Als christlicher Politiker muss ich über die Gegenwart hinaus denken und langfristige Perspektiven sehen. Meine Entscheidungen muss ich dabei auch vor meinen Kindern und Enkelkindern vertreten können. In der Politik ist deshalb manches nicht möglich, was die Kirche sehr wohl tun kann. Nur ein Beispiel dazu: Ein Freund von mir war Pfarrer in Nürnberg-Langwasser. Er kann einem Bettler, der am Samstagnachmittag bei ihm am Pfarrhaus klingelt und um Geld für seine Frau und seine kleinen Kinder bittet, zehn Euro in die Hand drücken, auch wenn er fürchten muss, in neun von zehn Fällen belogen zu werden und dass das Geld keineswegs für eine Not leidende Familie gebraucht wird. Als Politiker kann ich diese Großzügigkeit nicht an den Tag legen. Ich muss die Folgen meines Handelns bedenken: Ich würde unser Land nicht nur in die Pleite, sondern auch ins Chaos führen, wenn ich einfach aus einem Gefühl heraus von den Gesetzen und Prinzipien abweichen würde, die das Staatsgefüge in Ordnung halten. In dem Moment, in dem der Anständige, Fleißige und Ehrliche Gefahr läuft, schlechter dazustehen als der Lügner und Betrüger, würde sich unser Land in eine fatale Richtung entwickeln. Natürlich ist es christlich, einem Menschen zu helfen. Als Politiker habe ich aber die Aufgabe, Zustände zu schaffen und zu bewahren, die das Leben in unserem Land ordnen. Ich muss dabei den Mut haben, Entscheidungen zu treffen, die ein Pfarrer nicht zu treffen hat und auch nicht treffen würde. Das ist für mich nicht weniger als die Konkretion von Luthers Zwei-Reiche-Lehre, auf die ich noch näher eingehen werde.

Mit dieser Unterscheidung hat sich in gewisser Weise auch der Soziologe Max Weber (1864–1920) in seinem Standardwerk »Politik als Beruf« beschäftigt. Er unterscheidet zwischen dem Gesinnungsethiker und dem Verantwortungsethiker. Der Gesinnungsethiker fordert die Einhaltung einer Regel ohne Wenn und Aber und unabhängig von den Konsequenzen. Für den einzelnen Christen kann das schon mal die richtige Handlungsmaxime sein. Der Verantwortungsethiker, dem Weber dagegen den Vorzug gibt, fragt nach den Konsequenzen einer Handlung und orientiert sich weniger am Prinzip als vielmehr an der Realität.

Ganz konkret stellt sich dieser Unterschied dar beim Thema Asyl. Ein Innenminister kann nicht primär den Einzelnen sehen, der in unser Land kommt, auch wenn er ihm noch so sympathisch ist. Er muss vielmehr die Konsequenzen bedenken, die Einzelfallentscheidungen in der Häufung für andere haben: Wenn jeder Ausländer oder Asylbewerber ohne weitere Prüfung einwandern könnte, würde das nicht nur die Infrastruktur und die Sozialsysteme unseres Landes überfordern, sondern vor allem auch die Menschen, die hier leben. Diese Grundüberzeugung hat mir bei der Landessynode eine Menge Kritik eingebracht. Übersehen wurde und wird dabei aber immer wieder, worum es im Kern beim Thema Asyl eigentlich geht: Wer wirklich verfolgt ist, der soll in Deutschland selbstverständlich Asyl erhalten – das ist eine Lehre aus der Geschichte und auch eine Konsequenz aus dem Gedanken der Menschenwürde. Die Frage, ob jemand verfolgt ist, wird in einem umfangreichen rechtlichen Verfahren geprüft, das zum Teil bis zum Bundesverwaltungsgericht oder sogar zum Bundesverfassungsgericht führt. Das ist der umfangreichste Rechtsschutz, den man sich nur denken kann. Denn: Lieber sollen neun Menschen zu Unrecht Asyl bekommen, als dass einer zurückgeschickt wird in Folter oder Tod.

Die zentrale Frage, der ich mich nun als Innenminister zu stellen hatte, war: Was ist, wenn nun durch alle Instanzen festgestellt wird, dass der Bewerber keinen Anspruch auf Asyl hat? Wenn dann allen Beteuerungen zum Trotz einwandfrei nachgewiesen ist, dass er nicht verfolgt ist, dann macht das Gesetz eine Abschiebung ohne Wenn und Aber erforderlich. Manche engagierte Menschen auch in den Kirchen, die die Akten im Einzelnen nicht kennen konnten, haben in dieser Situation dann Anstrengungen unternommen, um die Abreise des lieb gewordenen Asylbewerbers zu verhindern. Aber Einzelfallentscheidungen nur auf der Grundlage persönlicher Sympathien und gegen den tatsächlich bestehenden Sachverhalt zuzulassen würde alle Asylgesetzgebung mit einem Schlag ad absurdum führen. Ein Massenansturm wäre die logische Folge. Ein Massenansturm, den wir in Deutschland auch schon mal hatten, als mehr als 90 Prozent der Asylbewerber in Wirklichkeit nicht Verfolgte waren, sondern den Zugang zu unserem Sozialsystem gesucht hatten. Bei allem Verständnis für diejenigen Menschen, die einfach ihr Glück in einem reicheren Land versuchen möchten: Die zu Recht Asylsuchenden klar zu trennen von denjenigen, die keinen Anspruch auf Asyl haben, ist ein Gebot der Verantwortung – der Verantwortung gegenüber den Menschen hier im Land, der Verantwortung gegenüber den Menschen in Not und nicht zuletzt der Verantwortung gegenüber den jeweiligen Herkunftsländern, die ausbluten, wenn ihre arbeitsfähigen und gut ausgebildeten Bürgerinnen und Bürger ihnen den Rücken kehren. Das Herkunftsland verliert an Elite, wir gewinnen an Sozialfällen – das kann nicht richtig sein.

Zugegeben: Die Gefahr bei dieser »politischen« Denkweise besteht darin, den Einzelnen gänzlich aus dem Blick zu verlieren, weil man eben das Ganze zu verantworten hat. Gerade deshalb ist aber das Engagement von Kirchenmitgliedern und anderen, die sich für Asylbewerber einsetzen, so wertvoll. Die Diskussionen in der Landessynode haben mir geholfen, den Blick immer wieder auch zu weiten – wobei ich hoffe, dass auch meine Argumente auf Verständnis gestoßen sind. Immer wieder sind mir schwierige Fälle geschildert worden, bei denen wir versucht haben, individuelle, aber letztlich eben gerechtere, dem Gedanken der Humanität entsprechende Lösungen zu finden. Ich denke etwa an eine Familie aus der Ukraine, deren Vater man klipp und klar nachweisen konnte, dass er durch Lug und Trug nach Deutschland gekommen war. Aber seine Kinder hatten bereits mehrere Jahre hier verbracht und sich sehr gut eingelebt. Da habe ich mich dafür eingesetzt, dass die Abschiebung aus Rücksicht auf die Familie nicht vollzogen wurde. Wobei es hilfreich war, dass sich vor Ort Menschen und die örtliche Kirchengemeinde zu ganz konkreter Hilfe bereit erklärt hatten.

Denn das ist mir wichtig: Es kann in solchen Fällen nicht nur darum gehen, etwas vom Staat zu fordern, man muss auch seinen eigenen Beitrag leisten. Vor diesem Hintergrund habe ich 1995 den Vorschlag sogenannter »Kirchenkontingente« für Asylbewerber gemacht. Analog zu den besonderen Aufenthaltsbestimmungen für Spitzensportler oder für ausländische Mitarbeiter, die von Wirtschaftsunternehmen angestellt werden, wollte ich die Kirchen dazu ermutigen, ganz konkret Verantwortung (auch finanzielle Verantwortung!) für die Menschen zu übernehmen, für die sie sich eingesetzt hatten. Denn wie gesagt: Humanität kann nicht darin bestehen, dass man sich auf Forderungen an den Sozialstaat beschränkt. Leider ist dieser Gedanke nicht aufgegriffen worden. Stattdessen haben wir später eine Härtefallkommission eingesetzt, an der unter anderem die Kirchen mit ihren Wohlfahrtsverbänden beteiligt sind, und die in besonders schwierigen Fällen – jenseits des formalen Rechts – abgelehnten Asylbewerbern zu einem Bleiberecht verhelfen kann. Ich denke an eine sechsköpfige Familie in Schweinfurt, wo sich die evangelische Kirche bereitgefunden hat, die Frau als Reinigungsfrau anzustellen, während der Vater als Mesner einer katholischen Pfarrei beschäftigt werden konnte.

Der Innenminister hat freilich auch noch in vielen anderen Bereichen für Recht und Ordnung zu sorgen – nicht als Selbstzweck, sondern um ein friedliches Miteinander im Staat zu gewährleisten. Mich haben die Gedanken des schon erwähnten Rechtsphilosophen Gustav Radbruch geprägt, der von der »Unverbrüchlichkeit« des Rechts als einer ethischen Kategorie gesprochen hat. Radbruch sagte: Wenn ein Recht nicht mehr angewendet wird, verliert es die Gültigkeit. Dabei sind vor allem die Schwachen in einer Gesellschaft darauf angewiesen, dass das Recht Beachtung findet – der Starke kann und wird sein Recht im Zweifelsfall selbst durchsetzen. Aus Moskau wird berichtet, dass die Straßenverkehrsordnung nach dem PS-Motto funktioniert: Je mehr PS, desto mehr Vorfahrt. Es ist also eine eminent wichtige soziale Aufgabe, das Recht für alle und ohne Ansehen der Person verbindlich durchzusetzen.

Solche Spannungsfelder verdeutlichen, dass komplexe politische Fragestellungen bisweilen nur pragmatische Lösungen zulassen. Dazu gehört auch, sich auf Kompromisse einzulassen, denn häufig geht es in der Politik um den Ausgleich von widerstreitenden Interessen – da hat die Suche nach einem Kompromiss »geradezu moralische Qualität« (so hat es Hermann Gröhe ausgedrückt). In der Kirche geht es um Liebe und Wahrheit, in der Politik oft um die jeweils zweckmäßigere Lösung. In der Kirche geht es um die letzten Fragen, in der Politik nur um die vorletzten – Gott sei Dank, muss man sagen. Es kann daher immer wieder vorkommen, dass ich mit meinen Entscheidungen auch bei Kirchenvertretern anecke. Die Kirche kann mir meine Entscheidungen aber nicht abnehmen. Als Christ in der Politik bleibe ich letztlich auf mein

Gewissen verwiesen. Die höchste Instanz ist mein Herrgott. Es ist meine Aufgabe, mich der daraus resultierenden Verantwortung zu stellen – nach bestem Wissen und Gewissen. Rollenkonflikte als evangelischer Christ einerseits und als Politiker andererseits muss ich aushalten und austragen.

Luthers Unterscheidung der Zwei Reiche

Dabei hilft Luthers Unterscheidung der zwei Regimente bzw. zwei Regierweisen Gottes, die heute auch unter dem Namen »Zwei-Reiche-Lehre« bekannt ist. Teile davon gehen schon auf Augustinus zurück. Luther stellte mit Bezug auf verschiedene Bibelstellen fest, dass Gott auf verschiedene Weise in der Welt regiert. Auf der einen Seite, im »Reich zur Rechten«, regiert Gott durch Wort und Sakrament und benutzt dazu Prediger der Kirche, die das Evangelium verkündigen. Jesus selbst sagt einmal: »Mein Reich ist nicht von dieser Welt« (Johannes 18,36). Damit ist klar, dass er nicht als politischer Revolutionär verstanden werden will. Auf der anderen Seite, im »Reich zur Linken«, regiert Gott durch die weltlichen Herrscher und das weltliche Gesetz, damit durch sie das menschliche Zusammenleben geregelt wird. Ohne ein geregeltes Miteinander gibt es keinen Frieden, ohne Frieden wiederum leidet die Verkündigung des Evangeliums.

Luther kam es darauf an, dass diese beiden Regierweisen Gottes nicht vermischt werden – ein Gedanke, der meiner Überzeugung nach auch heute noch wichtig ist. Eine Kirche, die sich in den Bereich der weltlichen Macht begibt, gibt ihr Proprium auf: Entweder sie mutiert zum Gottesstaat mit all den bekannten Gefahren für die Freiheit, die wir aus Geschichte und Gegenwart kennen. Oder sie wird weltlich und vergisst ihre geistlichen Anliegen, wobei ich diese Gefahr angesichts der inflationären Häufung kirchlicher Worte zu fast jedem nur denkbaren Thema heute für die größere halte. Begibt sich auf der anderen Seite der Staat als die weltliche Macht in den Bereich der Kirche, so droht auch von dieser Seite Intoleranz gegenüber allen, die einer anderen Religion oder Weltanschauung anhängen. Insofern ist die Unterscheidung der zwei Regierweisen Gottes ein freiheitsförderndes Element. Ein Gedanke, der gerade auch in der Auseinandersetzung mit dem Islam eine wichtige Rolle spielt.

Zweifellos können sich für den einzelnen Christen dadurch Konflikte ergeben, denn er lebt sowohl in der Kirche, also im »Reich zur Rechten«, als auch im Staat, dem »Reich zur Linken« – er unterliegt quasi einer doppelten Zuordnung. Was ist, wenn der Staat Steuern verlangt, um Dinge zu finanzieren, die man als Christ nicht unterstützen will – seien es Abtreibungen, seien es Militäreinsätze? Hier sagt mir die Bibel: »Gebt dem Staat, was dem Staat gebührt, und gebt Gott, was Gott gebührt« (Lukas 20,25). Und Paulus schreibt: »Jedermann sei untertan der Obrigkeit, die Gewalt über ihn hat. Denn es ist keine Obrigkeit außer von Gott; wo aber Obrigkeit ist, die ist von Gott verordnet. Wer sich nun der Obrigkeit widersetzt, der widerstrebt Gottes Ordnung; die aber widerstreben, werden über sich ein Urteil empfangen. Denn die Gewalt haben, sind nicht bei den guten Werken, sondern den bösen Werken zu fürchten. Willst du dich aber nicht fürchten vor der Obrigkeit, so tue Gutes; so wirst du Lob von ihr haben. Denn sie ist Gottes Dienerin dir zugut. Tust du aber Böses, so fürchte dich; denn sie trägt das Schwert nicht umsonst; sie ist Gottes Dienerin, eine Rächerin zur Strafe über den, der Böses tut« (Römer 13,1-4).

Denken wir an das Strafrecht: Es gehört zum »Reich zur Linken« und unterliegt der Forderung nach Gerechtigkeit – menschlicher Gerechtigkeit wohlgemerkt. Es muss selbst dann zur Anwendung kommen, wenn ein Opfer seinem Täter aus christlichen oder anderen Motiven vergibt. Ein Akt der Reue oder der Versuch, einen Ausgleich zwischen Opfer und Täter zu schaffen, kann beim Strafmaß berücksichtigt werden, aber grundsätzlich muss sich auch in einem solchen Fall die Justiz an die Vorgaben des Strafgesetzbuches halten. Würde man subjektive Faktoren und selbst noch so anerkennenswerte persönliche Tugenden wie z. B. Barmherzigkeit zum Maßstab machen, wären der Willkür Tür und Tor geöffnet. Ein besonders eindrucksvolles Beispiel aus den USA macht das deutlich: 1998 forderten amerikanische Christen, die zum Tode verurteilte Mörderin Karla Faye Tucker zu begnadigen, weil sie sich im Gefängnis zum Glauben an Jesus Christus bekehrt und ihre Schuld bekannt hatte. Deswegen, so die Argumentation, müsse der Staat ihr in gewisser Weise Vergebung gewähren. So verständlich dieses Engagement zu sein schien, so falsch war die Begründung. Besser wäre es gewesen, wenn der Fall mehr und mehr Amerikaner (auch Christen!) dazu bewegt hätte, über die Fragwürdigkeit der Todesstrafe nachzudenken, die eben keinen Raum für Versöhnung lässt und – wie viele Beispiele zeigen – ein hohes Risiko von Fehlurteilen mit sich bringt.

Mit diesen Fragen habe ich mich bereits in meiner Dissertation zum Thema »Der Gewissenstäter im Straf- und Strafprozessrecht« beschäftigt. Die Fragestellung lautete: Sollte es Ausnahmen im Straf- bzw. im Strafprozessrecht geben für Täter, die mit Hinweis auf Gewissensgründe in einer bestimmten Weise agieren? Ich dachte dabei durchaus auch an religiöse Motive: In den 1950er-Jahren etwa, als Jugendlicher, hatte ich mitbekommen, wie katholische Jugendgruppen Aufführungen des Films »Die Sünderin« mit Hildegard Knef störten. Beide Kirchen, vor allem aber die katholische, hatten sich vehement gegen den Film gewandt, weil sie darin eine positive Darstellung von Prostitution sahen. Doch egal wie man zu der Kritik steht bzw. stand: Meine rechtliche Meinung war und ist, dass die eigene Überzeugung es nicht erlaubt, gegen andere Zwangsmaßnahmen oder gar Gewalt auszuüben. Allgemeiner gesagt: Die Ordnung des Grundgesetzes, dieser ebenso freiheitlichen wie demokratischen Verfassung der Bundesrepublik Deutschland, darf nicht durch die Berufung auf die Gewissensfreiheit aufgehoben oder relativiert werden.

Wie soll nun der Einzelne mit ethischen Konflikten als Staatsbürger ganz konkret umgehen? Bei Paulus deutet sich bereits an, wo der Gehorsam endet: nämlich dort, wo der Staat gute Werke zu schlechten Werken umdeutet und schlechte Werke zu guten. Die Grenze wird dort überschritten, wo der Staat vom Einzelnen verlangt, etwas gegen sein Gewissen zu tun. Zum Beispiel ist das der Fall, wenn ein Arzt oder eine Krankenschwester gezwungen wird, an einer Abtreibung mitzuwirken, oder wenn ein junger Mensch in einen Militäreinsatz geschickt wird, obwohl er den Dienst an der Waffe nicht mit seinem Gewissen vereinbaren kann. Dann, aber auch nur dann, zählt ein zentraler Satz aus der Bibel: »Man muss Gott mehr gehorchen als den Menschen« (Apostelgeschichte 5,29). Diese Gedanken werden von Philipp Melanchthon im Augsburgischen Bekenntnis von 1530 (Confessio Augustana, Artikel 16) so zusammengefasst: »Von der Staatsordnung und dem weltlichen Regiment wird gelehrt, dass alle Obrigkeit in der Welt und geordnetes Regiment und Gesetze gute Ordnung sind, die von Gott geschaffen und eingesetzt sind, und dass Christen ohne Sünde in Obrigkeit, Fürsten- und Richteramt tätig sein können. (…) Wenn aber der Obrigkeit Gebot ohne Sünde nicht befolgt werden kann, soll man Gott mehr gehorchen als den Menschen.« In gewisser Weise hat das Grundgesetz diesen Gedanken aufgenommen, wenn es in Artikel 20 heißt: »Gegen jeden, der es unternimmt, diese Ordnung zu beseitigen, haben alle Deutschen das Recht zum Widerstand, wenn andere Abhilfe nicht möglich ist.« Wohlgemerkt: Das bedeutet kein Widerstandsrecht gegen den demokratischen Rechtsstaat, sondern ein Recht zum Widerstand, wenn der Rechtsstaat zum Unrechtsstaat pervertiert, wie das im NS-Staat der Fall war.

Das zeigt im Übrigen auch, dass sich das »Reich zur Rechten« und das »Reich zur Linken« gegenseitig in ihrer Machtfülle begrenzen: Die Umsetzung der reformatorischen Gedanken trägt auf diese Weise mit bei zu einer umfassend gedachten Gewaltenteilung in einem demokratischen Staat: Ein Staat, der die Religions- und Weltanschauungsfreiheit beachtet, schützt sich selbst und seine Bürger vor Machtmissbrauch.

Das Verständnis der Zehn Gebote

Wie sind vor diesem Hintergrund die Zehn Gebote zu verstehen? Für das Volk Israel waren und sind sie ein verbindliches Gesetz – zusammen mit vielen anderen Regeln, die in den Mose-Büchern überliefert sind. Weil Gott Israel auserwählt hatte, waren die Gebote auch von dem Kollektiv Israel zu befolgen – an eine Unterscheidung zwischen Religionsgemeinschaft und Staat war dabei nicht zu denken; man würde heute von einer Theokratie sprechen.

Das ist für Christen anders: Sie können bei aller Plausibilität nicht erwarten, dass auch alle anderen Menschen in einem Staat, seien sie nun Anders- oder Nichtgläubige, die Bibel und die Zehn Gebote zum Maßstab ihres Lebens machen. Das bedeutet: Christen und die gesamte Kirche können (und sollen!) für die Beachtung der Zehn Gebote in einer säkularen Gesellschaft werben, sie können die Gebote aber nicht zum allgemein bindenden Gesetz machen. Nicht jeder Übertritt eines Gebotes kann mit Gefängnis geahndet werden. Es sind vielmehr ethische Gebote, die für das Zusammenleben von Menschen von großer Bedeutung sind. Es gibt jede Menge Handlungen, die nicht in Ordnung sind, die aber nicht bestraft werden. Das Strafrecht – darüber muss man sich im Klaren sein – bildet nur das ethische Minimum ab, das Voraussetzung ist, damit ein Staat überhaupt funktionieren kann. Aber es ist klar, dass beispielsweise nicht jede Lüge strafrechtlich sanktioniert wird, auch wenn durch Lügen das Vertrauen zwischen Menschen beschädigt wird. Es ist hier einfach wichtig zu sehen, dass das Christentum keine Gesetzesreligion ist und damit offen steht für die Unterscheidung zwischen staatlich gesetztem Recht und Moral.

Die Stärke der Zehn Gebote liegt zunächst in ihrer Kürze und Prägnanz: In der Kurzfassung in Luthers Kleinem Katechismus sind es gerade einmal 103 Wörter. Diese 103 Wörter schaffen eine Ordnung für das menschliche Zusammenleben, die ihresgleichen sucht, während wir heute für die kleinste Kleinigkeit Regelungen mit einem Hundertfachen an Wörtern haben. Wir haben Zehntausende von Paragrafen geschaffen – doch ist die Welt dadurch gerechter geworden? Ich fürchte, an vielen Stellen sind wir mit der Bürokratie und der Reglementierung inzwischen schon zu weit gegangen, so weit, dass die ganz einfachen Regeln für das menschliche Zusammenleben darunter leiden. Albert Schweitzer hat dieses Kuriosum der modernen Welt auf den Punkt gebracht: »Worüber ich mich immer wieder wundere, ist dies: Es gibt in der Welt über dreißig Millionen Gesetze, um zehn Gebote durchzuführen.« Würden alle Menschen die Zehn Gebote einhalten, wir bräuchten für vieles keine kleinteiligen rechtlichen Regelungen mehr!

Es ist daher bedauerlich, dass vielen Menschen die Zehn Gebote heute nichts mehr sagen. In Umfragen bekennen zwar viele, dass ihnen die Zehn Gebote wichtig sind, wenn man sie aber genauer nach den Inhalten fragt, kommt nur wenig. Am bekanntesten ist noch das 5. Gebot »Du sollst nicht töten«. An das Gebot, den Namen Gottes nicht zu missbrauchen, erinnern sich dagegen die wenigsten. Gleichzeitig wird in vielen Umfragen das Jesuswort »Du sollst den Nächsten lieben wie dich selbst« als Teil der Zehn Gebote benannt. Der ehemalige Landesbischof von Hannover, Horst Hirschler, erzählte bei einem Kirchentag folgende Geschichte dazu: Eines Spätnachmittags wurde er von RTL aus Köln angerufen. Eine junge Frauenstimme war am Apparat: »Ist da jemand von der Kirche?« – »Ja, Landesbischof Hirschler.« – »Toll«, sagte sie, und rief in den Hintergrund: »Ich habe hier einen richtigen Bischof dran.« Und zum Bischof: »Wir sind hier das Team für die Sendung Soundso. Und wir haben eine Frage. Es gibt doch in der katholischen Kirche so Gebote. Kennen Sie die?« – »Ja klar«, so Hirschler, »das sind dieselben wie in der evangelischen Kirche.« – »Ach«, sagte sie, »sehr interessant. Was steht denn da drin? Sind das viele?« – »Ja, das sind die Zehn Gebote.« – »Ach«, sagte sie, »zehn?« – »Ja«, sagte der Bischof, »da stehen ganz vernünftige Sachen drin: Fünftes Gebot: Du sollst nicht töten. Siebtes: Du sollst nicht stehlen. Sechstes Gebot – kann man sich gut merken wegen Sex: Du sollst nicht ehebrechen. Achtes Gebot: Du sollst keine falschen Nachrichten senden.« – »Ach«, sagte sie, »das ist ja hochinteressant.« »Und dann gibt es noch Luthers Erklärungen dazu, beim fünften zum Beispiel sagt Luther, dass wir unserem Nächsten an seinem Leben keinen Schaden noch Leid tun sollen, sondern ihm helfen und ihn fördern in allen Leibesnöten.« – »Toll«, sagte sie. »Gebote gleich mit Gebrauchsanweisung. Sagen Sie, können Sie uns das nicht mal durchfaxen?« Auf diese Weise sei Luthers Kleiner Katechismus zu RTL nach Köln gekommen, berichtete der frühere Landesbischof Hirschler.

Die Zehn Gebote haben eine doppelte Bedeutung: Sie stellen eine gute Ordnung für das menschliche Zusammenleben dar, sagen aber auch etwas über unser Verhältnis zu Gott aus. Sowohl die horizontale als auch die vertikale Ebene werden von den Zehn Geboten geregelt. Natürlich ist mir klar, dass allein schon die Bezeichnung »Gebot« für viele Menschen heute befremdlich ist. Gebote wirken ja zunächst einmal wie eine Einschränkung der persönlichen Freiheit. Doch das Gegenteil ist der Fall: Die Zehn Gebote stellen nachgerade eine Gebrauchsanweisung für die Freiheit dar. Sie sind Leitplanken des Lebens. Denken Sie an eine rote Ampel: Natürlich bremst sie mich in meinem Verkehrsfluss, doch nur deshalb, um mich und andere zu schützen. Interessant finde ich deshalb den Gedanken mancher Theologen, die Zehn Gebote nicht nur aus der Perspektive der Handelnden zu betrachten, sozusagen der »Täter«, sondern auch aus der Perspektive der Betroffenen – also der Opfer beispielsweise von Ehebruch, Diebstahl oder übler Nachrede. Dadurch wird der schützende Charakter der Gebote besonders deutlich: Gott will, dass Leben gelingt und geschützt ist.

Die Zehn Gebote sind aber nicht nur Ausdruck der Liebe, sondern auch des Herrschaftsanspruchs Gottes. Wenn Gott der Schöpfer ist, dann steht es ihm ganz einfach zu, mir als seinem Geschöpf zu sagen, was richtig und was falsch ist. Mag sein, dass das aus der Sicht des modernen Menschen alles andere als sympathisch klingt, wenn es da heißt »du sollst« oder »du sollst nicht«. Und auch die Eindeutigkeit der Gebote ist etwas, woran wir nicht mehr so gewöhnt sind. Wir Heutigen haben schließlich keine »Probleme« mehr, sondern sprechen von »Herausforderungen«. Eine Rezession nennen wir »Minus-Wachstum«. Und wenn uns das Essen absolut nicht schmeckt, dann finden wir es immer noch »interessant«. Die Gebote nehmen aber weder auf unsere psychische Befindlichkeit Rücksicht noch passen sie sich unserer weichgespülten Business-Diktion an. Sie reden nicht herum. Sie sind wie Zügel – unnachgiebig und eine klar erkennbare Beschränkung.

Über dem Einhalten der Gebote steht daher der Segen Gottes, über dem Brechen der Fluch: »Ich, der Herr, dein Gott, bin ein eifernder Gott, der die Missetat der Väter heimsucht bis ins dritte und vierte Glied an den Kindern derer, die mich hassen, aber Barmherzigkeit erweist an den vielen Tausenden, die mich lieben und meine Gebote halten.« Demnach können die Zehn Gebote auch nicht der Beliebigkeit der Diskussion überlassen werden. Ich stehe daher dem Versuch, die Gebote zu »Angeboten« umzudeuten, die wir annehmen können oder nicht, skeptisch gegenüber. Richtig ist es vielmehr, präzise und (selbst-)kritisch nach dem Sinngehalt und der Bedeutung der Gebote für meine Lebenswelt und für den Bereich, den ich in dieser Welt verantworte, zu fragen. Anhand von Themen, die mir vertraut sind, möchte ich dies im Folgenden tun. Die Zehn Gebote finden sich in der Bibel im 2. Mose 20,1-17 und 5. Mose 5,6-21.

II. Vom Ewigen Gott zur Freiheit berufen

»Ich bin der HERR, dein Gott, der ich dich aus dem Land Ägypten, aus der Knechtschaft, geführt habe.«

Dieser Satz ist Teil des Ersten Gebots. Doch er könnte auch die Überschrift über allen nachfolgenden Geboten sein. Ist das nicht bemerkenswert: Es geht nicht gleich los mit Geboten und Verboten. Nein, am Anfang stellt sich Gott erst einmal vor. »Ich bin der Herr.« Das erinnert an die Begegnung von Mose mit Gott im brennenden Dornbusch. Da stellt sich Gott mit dem Namen Jahwe vor, was so viel bedeutet wie »Ich bin, der ich bin«, aber auch »Ich bin, der ich war« und »Ich bin, der ich sein werde.« (2. Mose 3,14) Es handelt sich nicht um einen unnahbaren Gott, der mit den Menschen nichts zu tun haben will. Er ist der Gott, der bereits seine Geschichte mit dem Volk Israel hat, an das sich die Zehn Gebote zunächst richten. Pfarrer Ulrich Parzany, der frühere Generalsekretär des CVJM, schreibt dazu: »Dass Gott sich mit seinem Namen vorstellt, bedeutet, dass er von uns angeredet werden will. Er will zu uns eine Beziehung haben. Er will, dass wir ihn persönlich kennen. Gott ist keine Weltformel. Er ist kein philosophischer Gedanke. Er ist der Schöpfer und Herr des Universums. Und er will zu uns eine persönliche Beziehung haben.«[1] Die namentliche Vorstellung ist also Ausdruck der Liebesbeziehung Gottes zu den Menschen. Vielleicht kann man es so sagen: Am Anfang steht das Ja Gottes, seine Zusage, dass er mit uns geht, dann erst folgen die Gebote.

Dieses Ja ist kein leeres Wort, es drückt sich in dem aus, was Gott für sein auserwähltes Volk Israel bereits getan hat: Eben die Befreiung aus der Knechtschaft Ägyptens, von der das 2. Buch Mose (Exodus) ausführlich berichtet. Doch die Geschichte der Befreiung geht weiter – noch einmal Ulrich Parzany: »Was Gott durch die Rettung aus Ägypten für Israel getan hat, das hat er für alle Menschen durch das Leben, Sterben und Auferstehen von Jesus Christus getan. In der Person von Jesus Christus ist Gott Mensch geworden. Alles Böse in unserem Leben nimmt er mit in seinen Tod am Kreuz. Weil er auferstanden ist vom Tode, hat er die Macht des Bösen besiegt. Jesus führt uns in die Freiheit. Wir folgen ihm aus Dankbarkeit und sind mit ihm unterwegs zu Gottes neuer Welt. Das ist die atemberaubende Parallele zur Befreiungsgeschichte des Volkes Israel.«

Die Gebote richten sich also an Befreite. An freie Menschen, die damit aber auch immer wieder vor Entscheidungen gestellt werden, sich so oder so zu verhalten. Auch das gehört zur Würde, die dem Menschen von Gott verliehen ist. Diese Freiheit steht freilich in der Gefahr, sich selbst aufzugeben. Am einfachsten zeigt sich das bei Menschen, die sich scheinbar frei für eine Sucht entscheiden, dann aber von dieser Sucht nicht mehr loskommen. Manchmal beginnt die Unfreiheit schon beim Konsumzwang, dem sich viele Zeitgenossen unterwerfen. Demgegenüber sind die Zehn Gebote die Grundlage für eine freiwillige Bindung des Menschen an Gott – eine Bindung, durch die aber wiederum die Freiheit geschützt wird. Martin Luther hat in seiner bekannt drastischen Art deutlich gemacht, welche Folgen die Grundentscheidung des Menschen hat, sich an Gott zu orientieren oder vermeintlich autonom zu bleiben: »Entweder wir werden von Gott oder wir werden vom Teufel geritten.«

1. Gebot

Du sollst keine anderen Götter haben neben mir.
Du sollst dir kein Bildnis noch irgendein Gleichnis machen,
weder von dem, was oben im Himmel, noch von dem,
was unten auf Erden, noch von dem,
was im Wasser unter der Erde ist:
Bete sie nicht an und diene ihnen nicht!

Im Umfeld meiner Tibetreise im Sommer 2009 haben mich die Unterschiede zwischen den Religionen sehr beschäftigt: Man sieht dort Menschen, die lange Wallfahrten unternehmen und sich dabei zigtausend Mal zu Boden werfen. Ich habe unsere Begleiter gefragt, warum die Menschen das machen. Die Antwort: Nur derjenige, der sich hunderttausendmal zu Boden wirft, habe überhaupt die Chance, einmal als Mensch wiedergeboren zu werden. Ein anderes Beispiel von dieser Reise: Einer unser Führer hatte ständig Wurst dabei, und zwar für Hunde. Er glaubte, seine Oma in Form eines Hundes wieder zu treffen – das sei ihm so geweissagt worden, sagte er uns. Daher die Wurst für die Oma... Wie wunderbar ist dagegen unser Glaube, dass Gott seinen Sohn als Mensch auf die Welt geschickt hat, damit wir in einer personalen Beziehung zu ihm leben können. Eben nicht in totaler Unterwerfung, wie ich das bei anderen Religionen erlebt habe. Manchmal ist es mir ein Rätsel, warum Christen diesen wunderbaren Glauben weniger offensiv vertreten als die Anhänger anderer Religionen, seien es nun die Anhänger des tibetischen Buddhismus bzw. des Dalai Lama, seien es die Anhänger des Islam.

»Du sollst keine anderen Götter haben neben mir.« Bei diesem Gebot stellt sich schnell die Frage: Wie soll das gehen in einer multireligiösen Gesellschaft, wie wir sie heute haben? Sollen alle fremden Götter, alle fremden Religionen aus unserem – zumindest noch – christlich geprägten deutschen Vaterland verschwinden?

Bevor ich mich der Frage nach dem Verhältnis zu anderen Religionen zuwende, erachte ich es für notwendig, auf andere »Götter« hinzuweisen, die zum Gott der Bibel in Konkurrenz treten. Ganz im Sinne Martin Luthers, der dazu gesagt hat: »Das, woran du dein Herz hängst, das ist dein Gott.« Das Hauptproblem scheint mir dabei heute das Geld zu sein: Für viele ist das Geld nicht mehr Mittel zum Zweck, um morgens Semmeln zu kaufen, um die Miete zu bezahlen oder um sich eine schöne Reise zu gönnen. Für sie ist das Geld zum Selbstzweck geworden. Es wird als Wert an sich empfunden, Geld im Übermaß anzuhäufen, um es anschließend auch im Übermaß auszugeben. Das gilt nicht nur im persönlichen, sondern auch im gesellschaftlichen Bereich: Wenn Geld eine völlig überdimensionierte Rolle einnimmt, so sehr, dass eine Wirtschaftsordnung nur noch unter Renditegesichtspunkten gesehen wird, dann läuft etwas falsch und dann widerspricht das dem ersten der Zehn Gebote zutiefst. Wenn Menschen sich nicht auf Gott verlassen, sondern auf ihr Bankkonto, dann wird aus dem Geld der berühmte Mammon, vor dem Jesus warnt.

Wenn Geld, Macht und Sex zum Götzen werden

Ein weiterer falscher »Gott«, vor dem wahrscheinlich niemand gefeit ist, der aber gerade auch in der Politik eine große Rolle spielt, kann die Macht sein. Ohne Macht lässt sich eine gute Ordnung nicht durchzusetzen, doch Macht kann zum Selbstzweck werden. Warum? Weil hinter dem Streben nach Macht oft die Sehnsucht steckt, selbst im Mittelpunkt zu stehen und anerkannt zu sein. Damit verbunden ist die Selbstvergötterung des Menschen, die eine lange Geschichte hat: Die Bibel erzählt im 1. Buch Mose, dass der Sündenfall mit dem Wunsch von Adam und Eva zusammenhängt, »so zu sein wie Gott«. Sich an die Stelle Gottes zu setzen, ihm seinen Platz streitig zu machen – klar, dass das dem 1. Gebot widerspricht.

Auch Sexualität und Körperkult können zu Götzen werden, die den Menschen beherrschen. Sexualität ist etwas zutiefst Menschliches, etwas, das die Freude an dem geliebten Partner und die Liebe zu ihm verbindet mit der Zeugung neuen Lebens. Aber zum einzig Wichtigen erhoben, sind Sexualität und Körperkult etwas, das eher unfrei macht als frei. Mit Sorge sehe ich, wie die Dominanz von Sexualität und Körperkult in den Medien unsere jungen Menschen, vor allem die Mädchen, verunsichert: Minderjährige hungern sich spindeldürr, um wie ein Superstar oder ein Supermodel auszusehen. Sie können alles, wirklich alles Mögliche und Unmögliche über Sex lesen, sehen und hören – und sie werden gleichzeitig mit jedem neuen Eindruck unsicherer und der möglichen schönen Geheimnisse und Entdeckungen ihrer Jugend beraubt. Das beginnt in der Werbung und hört im Fernsehen nicht auf. Hier wird Sex zur Ware und eine Scheinwelt vorgegaukelt, die Begierden fördert und Beziehungen schädigen kann. Eine solche Überbetonung kann das Zusammenleben von Menschen nicht in einer sinnvollen Weise unterstützen, sondern gefährdet sowohl die Gott-Mensch-Beziehung als auch die Mensch-Mensch-Beziehung. Es ist schon tragisch, wenn man liest, dass selbst eine Leinwandgröße wie Demi Moore sich dem Zwang der Schönheitsindustrie unterwirft: »Ich war extrem besessen von meinem Körper. Ich machte ihn zum Maßstab meines Selbstwertgefühls. Ich versuchte ihn zu dominieren und tat es auch und veränderte ihn oft. Aber es hielt nie lange und es brachte mir nie mehr als nur ein temporäres Glücksgefühl.« Diese freimütigen Äußerungen zeigen, dass es dem Menschen nicht guttut, sich Götzen zu beugen anstatt Gott zu gehorchen.

Freilich: Geld, Macht und Sex – all das ist nicht von vornherein schlecht, sondern kann dem Leben dienen. Doch stecken auch Versuchungen in ihnen. Daher warnt die Bibel an ganz verschiedenen Stellen davor, sie zu vergötzen.

Religionspluralismus und Wahrheitsanspruch

Selbstverständlich will ich mich vor der Frage nach dem Verhältnis zu anderen Religionen nicht drücken. In einer pluralistischen Gesellschaft stellt sich für viele die Frage, inwieweit der Wahrheitsanspruch der verschiedenen Religionen dem friedlichen Zusammenleben entgegensteht. Müssen sich Menschen, die glauben, im Besitz der Wahrheit zu sein, nicht irgendwann die Köpfe einhauen? Aus der Geschichte kennen wir viele traurige Beispiele, die diese Befürchtung bestätigen. Religionskritiker, aber auch manche Theologen fordern daher von Gläubigen aller Religionen, den Wahrheitsanspruch aufzugeben – schließlich könne man doch sowieso nicht wissen, wer recht hat. Oft folgt dann noch der Hinweis auf die Ringparabel aus dem Drama »Nathan der Weise« von Gotthold Ephraim Lessing (1729–1781): Darin führt Sultan Saladin, ein Muslim, ein Gespräch mit dem reichen jüdischen Kaufmann Nathan über das Verhältnis der drei monotheistischen Religionen. Saladin hofft insgeheim, Nathan werde seinen Glauben als den einzig wahren bezeichnen und damit für das Judentum einen Vorrang vor allen anderen Religionen reklamieren. Nathan jedoch reagiert mit der Geschichte von einem Herrscher, der einen besonderen Ring besitzt – einen Ring, von dem es heißt, dass er »die geheime Kraft hatte, vor Gott und Menschen angenehm zu machen, wer ihn in dieser Zuversicht trug«. Nun hat der Herrscher ein Problem: Er hat drei Söhne und weiß nicht, wem er den Ring vererben soll, da ihm alle drei gleich lieb und teuer sind. Also lässt er zwei Duplikate machen, die sich vom Original nicht unterscheiden lassen. Das merken nach dem Tod des Vaters auch die drei Söhne; sie fangen an zu streiten, wem denn nun der richtige Ring gehöre, und gehen deswegen sogar vor Gericht. Der Richter in Lessings Werk stellt fest: Wenn sich die drei streiten, hat offensichtlich keiner von ihnen den richtigen Ring, der doch die besondere Eigenschaft hat, »vor Gott und Menschen angenehm zu machen«. Doch er gibt den Söhnen einen Rat mit auf den Weg: Jeder solle für sich der Überzeugung anhängen, dass sein Ring der richtige sei, sodass man dann eben an den Taten das Gute erkennen möge: »So eifre jeder seiner unbestochnen, von Vorurteilen freien Liebe nach.«

Sobald dieser wertvolle Gedanke jedoch mit der Forderung verbunden wird, alle Religionen für gleich wahr zu halten, nimmt er den Glauben letztlich nicht ernst. Er nimmt vor allem Gott nicht ernst. Natürlich lässt sich die Existenz Gottes nicht im gesellschaftlichen Diskurs beweisen. Gleichzeitig gilt aber auch, dass niemand, der intellektuell redlich argumentiert, die Möglichkeit ausschließen kann, dass es Gott gibt. Und dass ein Glaubender in diesem Fall Gott mit seinem Anspruch an das eigene Leben ernst nehmen muss. Ein freiheitlicher Staat muss daher einen weiten Gestaltungsraum für die Ausübung des Glaubens zugestehen. Das gilt für alle Religionen, die – um mit dem Bundesverfassungsrichter Udo di Fabio zu sprechen – »kein Problem darin sehen, dass der Mensch, und zwar jeder Mensch, mit seiner Würde, seiner Freiheit und seinem Anspruch auf Rechtsgleichheit im Mittelpunkt der Rechtsordnung steht.« Man kann es vielleicht auch so sagen: Der freiheitliche Staat würde seine eigenen Grundsätze aufgeben, wenn er Religionsfreiheit nicht gewähren würde. Zugleich müssen Gläubige, die diese Freiheit in Anspruch nehmen, diese Freiheit natürlich auch anderen zugestehen.

Für den einzelnen Christen ist klar: So sehr er persönlich davon überzeugt ist, dass es nur den einen Gott gibt, der sich in Jesus Christus offenbart hat, so sehr muss er die Überzeugungen anderer respektieren, die diesen Glauben nicht teilen. Zumal wir wissen, dass Glaube ein Geschenk ist, wie Luther in der Auslegung des Dritten Glaubensartikels im Kleinen Katechismus betont hat: »Ich glaube, dass ich nicht aus eigener Vernunft noch Kraft an Jesus Christus, meinen Herrn, glauben oder zu ihm kommen kann; sondern der Heilige Geist hat mich durch das Evangelium berufen, mit seinen Gaben erleuchtet, im rechten Glauben geheiligt und erhalten.« Mit der Anerkenntnis des Umstands, dass andere Religionen um mich herum sind, kann aber nicht gemeint sein, alle Religionen als gleich gültig anzuerkennen – das führt übrigens oft auch zur Gleichgültigkeit gegenüber dem Glauben des Anderen. Ebenso wenig kann damit ein Verzicht auf Mission gemeint sein, also das Zeugnis des eigenen Glaubens. (Das sage ich nicht nur, weil der sogenannte Missionsbefehl aus dem Matthäus-Evangelium mein Konfirmationsspruch ist: »Gehet hin und machet zu Jüngern alle Völker: Taufet sie auf den Namen des Vaters und des Sohnes und des Heiligen Geistes und lehret sie halten alles, was ich euch befohlen habe. Und siehe, ich bin bei euch alle Tage bis an der Welt Ende.«) In diesem Sinn verstehe ich auch Jürgen Habermas, der 2004 in seinem berühmten Religionsgespräch mit dem damaligen Kardinal Joseph Ratzinger in der Katholischen Akademie in München sagte: »Säkularisierte Bürger dürfen, soweit sie in ihrer Rolle als Staatsbürger auftreten, weder religiösen Weltbildern grundsätzlich ein Wahrheitspotenzial absprechen noch den gläubigen Mitbürgern das Recht bestreiten, in religiöser Sprache Beiträge zu öffentlichen Diskussionen zu machen.«

Spannend wird es in einer freiheitlichen Gesellschaft dort, wo sich Menschen unter Berufung auf ihren Glauben weigern, einzelne Gesetze zu befolgen: Strenggläubige Christen, die ihre Kinder nicht in eine öffentliche Schule schicken wollen, Juden, die nur Fleisch von geschächteten Tieren essen dürfen, junge Musliminnen, die nicht am gemeinsamen Sportunterricht teilnehmen wollen. All das sind Fragen, auf die Antworten gefunden werden müssen, und zwar in Abwägung sowohl der berechtigten Interessen der Gemeinschaft als auch der Interessen der Gläubigen.

Einen festen Riegel dagegen müssen wir dann vorschieben, wenn Fanatiker – leider wiederum unter Berufung auf ihren Glauben oder ihre Weltanschauung – Gewalt anwenden oder den freiheitlichen Staat auszuhöhlen versuchen. Beispielhaft dafür steht die Scientology-Organisation, die für sich Religionscharakter in Anspruch nimmt, was meiner Einschätzung nach lediglich die kommerziellen und totalitären Ziele einer Organisation überdecken soll, die Menschen mit einer Art Gehirnwäsche ihrem totalitären System unterzuordnen versucht.

Verhältnis zum Islam

Besonders in den Fokus geraten ist in den vergangenen Jahren das Verhältnis zum Islam. Zum einen wegen der Größenordnung: In Deutschland leben (je nach Schätzung) rund dreieinhalb bis viereinhalb Millionen Menschen aus dem Kultur- und Religionskreis des Islam. Zum anderen, weil der Islam deutlich stärker als das (heutige!) Christentum religiöse und politische Fragen miteinander verknüpft. In den Feuilletons unserer Zeitungen ist längst die Frage entbrannt, ob Islam und Demokratie möglicherweise ein Widerspruch in sich sind.

Uns allen muss daran gelegen sein, dass Christen und Muslime friedlich und tolerant miteinander leben und ein Kampf der Kulturen und Religionen unbedingt vermieden wird. Wir dürfen aber die Augen nicht vor der Realität verschließen. Die islamistischen Terroranschläge in Madrid und London, »vor unserer Haustüre« gewissermaßen, aber auch die Vorgänge in den Niederlanden im Zusammenhang mit der Ermordung des Regisseurs Theo van Gogh oder die gewalttätigen Demonstrationen und Mordanschläge nach der Veröffentlichung von Mohammed-Karikaturen in Dänemark haben betroffen gemacht. Minarette in unseren Innenstädten, Kopftuch tragende Lehrerinnen – auch diese Schlagworte und Bilder rufen bei vielen Bürgern Skepsis, Beklemmung und Angst vor dem Islam hervor.

Ich habe seit den frühen 1990er-Jahren intensiv Kontakte zu Muslimen gesucht. Insbesondere pflege ich seit längerer Zeit intensive Beziehungen zur DITIB (»Diyanet Isleri Türk-Islam Birligi« = »Türkisch-islamische Union der Anstalt für Religion«), die dem türkischen Religionsministerium unterstellt ist, besuche deren Moscheen und habe eine ganze Reihe von muslimischen Freunden.

Daher weiß ich, dass die meisten Muslime friedliebend, tolerant und weltoffen sind. Es ist bemerkenswert, dass bei vielen von ihnen die Religion ein höheres Gewicht hat als bei den meisten Christen. Dabei habe ich festgestellt, dass die Bindung an islamische Riten in den letzten Jahren sogar stärker geworden ist. Selbst Leute, die vor zehn Jahren überhaupt nichts von Fastenzeiten gehalten haben, fasten jetzt – und zwar aus religiösen Gründen. Ich selbst faste auch in der Fastenzeit, zugegebenermaßen vor allem aus gesundheitlichen Gründen und um mir zu beweisen, dass ich auf Genussmittel und Süßigkeiten auch verzichten kann. Dass aber Leute, mit denen ich früher eine gute Flasche Rotwein getrunken habe, jetzt aus Überzeugung überhaupt keinen Alkohol mehr trinken, und zwar mit Bezug auf den Islam, macht mich nachdenklich. Da ist schon eine gewisse Re-Islamisierung festzustellen.

Das zeigt sich auch in Umfragen. 80 Prozent der Muslime sagen, dass ihnen ihr Glaube wichtig bzw. sehr wichtig ist. Dasselbe sagen selbst im katholischen Bayern nicht einmal 25 Prozent der Kirchenmitglieder. Um nicht falsch verstanden zu werden: Das ist keine Kritik an den Muslimen, sondern eine Anfrage an uns Christen. Warum leben wir unseren Glauben nicht so, dass Andersgläubige davor Respekt haben oder davon vielleicht sogar angezogen werden? Es ist doch erstaunlich, dass in Deutschland mehr Menschen vom Christentum zum Islam übertreten als umgekehrt. Zum interreligiösen Dialog, zu dem es keine Alternative gibt, gehört auch, dass man selbst einen Standpunkt hat und die eigenen Glaubensgrundlagen nicht relativiert. Ansonsten, so meine Erfahrung, wird man von der anderen Seite auch nicht für voll genommen. Der katholische Theologe Eberhard Schockenhoff hat das so ausgedrückt: »Wirkliche Toleranz erfordert immer beides: Das Festhalten am eigenen Wahrheitsanspruch und den Respekt vor der Wahrheitssuche des anderen. Wird dagegen der eigene Wahrheitsanspruch schon vor der Begegnung mit dem anderen auf eine bloß subjektiv gültige Einstellung zurückgenommen, so verfällt auch das Toleranzgebot zu einer pragmatischen Maxime des reibungslosen

Zusammenlebens innerhalb der bürgerlichen Gesellschaft. Eine um den Preis der weitgehenden Selbstrelativierung aller Wahrheitsansprüche erkaufte Bereitschaft zur Toleranz hätte nur mehr den Status einer empirischen Klugheitsregel, aber nicht mehr den kategorischen Rang einer ethischen Grundforderung, die ihre Wurzel im biblischen Liebesgebot und in der Anerkennung der Menschenwürde findet.«[2]

Für ein offenes Gespräch mit Muslimen
Zentrale Voraussetzungen für einen gelingenden Dialog sind die gegenseitige Achtung, die Bereitschaft, aufeinander zuzugehen, aber auch die entschiedene Ablehnung all jener Kräfte, die auf Extremismus, religiösen Fanatismus und Gewalt setzen. Wer Gegner unserer demokratischen Ordnung und unserer Werte wie Freiheit, Recht und Menschenwürde ist oder totalitäre Lebens- und Herrschaftsansprüche befürwortet, ist für uns kein Partner im Dialog, sondern steht außerhalb dessen, was in unserer Gesellschaft tolerabel ist. Muslime in Deutschland stehen hier in besonderer Verantwortung. Auch von ihnen erwarten wir, dass sie unsere Werte anerkennen und verinnerlichen und dass sie sich von Gewalt und Fanatismus klar und eindeutig distanzieren. Der Islam definiert sich als ideale Gesellschaftsordnung und beinhaltet somit eine politisch-ideologische Botschaft. Es ist jedoch inakzeptabel, wenn Muslime die Bestimmungen des Koran und des islamischen Rechts, die Scharia, über unsere Gesetze stellen.

Unsere Gesellschaft ist geprägt vom christlich-abendländischen Kulturerbe. Deshalb dürfen wir von hier lebenden Angehörigen anderer Volksgruppen und Religionen erwarten, dass sie die in Deutschland geltenden Gesetze und Wertmaßstäbe achten und sich verfassungstreu verhalten – ein Anspruch, mit dem keinerlei religiöse Diskriminierung verbunden ist. Muslime sollen ihre religiöse Identität bewahren und nicht minder selbstverständlich für ihren Glauben eintreten können als wir Christen für den unseren. Als Staatsbürger erwarten wir aber von ihnen, dass sie unsere

Gesellschaftsordnung konstruktiv bejahen und unsere christlich-abendländisch geprägte Kultur anerkennen.

Für Europa wünsche ich mir einen aufgeklärten Islam, für den Menschenrechte, die Trennung von Staat und Kirche sowie Offenheit und Gesprächsbereitschaft selbstverständlich sind. Vor diesem Hintergrund machen mir negative Tendenzen Sorge, etwa die Neigung mancher Muslime, sich in integrationsfeindlichen Parallelgesellschaften abzuschotten. Die Folge ist ein spürbares Defizit bei der Identifikation mit unserem Staat und seiner Werteordnung. Eine Studie der Istanbul Bilgi Universität aus dem Jahr 2004 ergab, dass fast 80 Prozent der in Deutschland lebenden Türken ihren Landsleuten im Heimatland nicht empfehlen würden, in die Bundesrepublik auszuwandern. Als ein Grund für die Unzufriedenheit wurden neben Diskriminierung und Arbeitslosigkeit die widersprüchlichen moralischen Werte der beiden Kulturen genannt. Je religiöser die Befragten, desto geringer das Zugehörigkeitsgefühl zur christlich geprägten bundesdeutschen Gesellschaft und desto stärker der Wunsch, sich auf die eigene Ethnie zu konzentrieren. Wobei wir manche Kritik von muslimischer Seite an unserem westlichen Lebensstil, bei dem scheinbar alles möglich ist und der Konsum oft im Vordergrund zu stehen scheint, durchaus prüfen sollten.

Gefahren durch islamistischen Extremismus und Fundamentalismus

Eine besondere Gefahr geht vom islamistischen Extremismus und Fundamentalismus aus. Er ist auf Expansion angelegt, zutiefst integrationsfeindlich und richtet sich frontal gegen unsere freiheitlich-demokratische Grundordnung. Ziel ist es, ein Gesellschaftssystem aufzurichten, das auf Koran und Scharia basiert. Kennzeichen sind u. a. eine ausgeprägte Intoleranz gegenüber Andersgläubigen, ein Absolutheitsanspruch, verbunden mit aktivem Kampf gegen die »Ungläubigen«, sowie eine kategorische Ablehnung westlicher Demokratie- und Gesellschaftsordnungen. Insbesondere wenden sich islamische Fundamentalisten vehement gegen jede Trennung von Staat und Kirche und gegen jede Gewaltenteilung.

Beispiel Bayern: Nach den Erkenntnissen des Verfassungsschutzes haben wir im Freistaat etwa 5500 islamische Extremisten, von denen 500 Gewalt als Mittel zur Durchsetzung politischer Ziele befürworten. Etwa 50 Personen werden Verbindungen zu terroristischen Netzwerken zugeschrieben. Sie haben teilweise in Trainingslagern eine Ausbildung für den »heiligen Krieg« absolviert. Das Weltbild in diesem Umfeld ist für uns oft nicht nachvollziehbar: Nachdem zwei Islamisten aus dem Raum Neu-Ulm bei Kämpfen in Tschetschenien getötet worden waren, überbrachten Polizisten diese Nachricht der Ehefrau eines der beiden. Die reagierte nicht etwa mit Trauer, sondern mit Freude darüber, dass ihr Ehemann im Kampf für Allah gefallen sei. Sie gab gegenüber den Beamten der Hoffnung Ausdruck, dass einer ihrer Söhne dem Vater im Djihad dereinst folgen könne. Wie hatte einer der Attentäter des 11. September 2001 geschrieben: »Ihr liebt das Leben, wir lieben den Tod.«

Bei einer Anhörung im Innenausschuss des Deutschen Bundestages zum Thema »Islamistische Einflüsse auf die Gesellschaft und ihre Auswirkungen auf Integration und Sicherheit« berichteten Experten von einem Vormarsch des islamischen Fundamentalismus und untermauerten dies mit erschreckenden Beispielen: So arbeiten islamische Fundamentalisten bewusst gegen die Integration von Muslimen in unsere Gesellschaft. Beispielsweise erklärte der Islamprediger Umar Abd al-Kafi auf dem Jahrestreffen der »Islamischen Gemeinschaft in Deutschland« im September 2003 in Berlin unter tosendem Beifall der 4000 Anwesenden: »Integration darf nicht zu weit gehen. Wir müssen die ganze Welt besiedeln und zum Islam bekehren. Die Zukunft gehört der Religion Allahs. Mit eurer Hilfe werden wir es schaffen. Mit den Alten und den Jungen.« Ein 1996 herausgegebener »Islam-Knigge« enthält das Programm einer islamischen Gegengesellschaft. Verfasser ist Ahmad von Denffer, Konvertit und Aktivist der Islamischen Gemeinschaft in Deutschland, die vom Verfassungsschutz dem ägyptischen Zweig der Muslimbruderschaft zugeordnet wird. Hier wird erklärt, dass »das muslimische Kind nicht seiner religiösen Grundhaltung entfremdet und auch nicht zu einer anderen Glaubenswelt, zum Beispiel der christlichen, hingeführt werden« soll. Daraus wird im Weiteren beispielsweise die Schlussfolgerung gezogen, dass muslimische Kinder nicht nur vom Sexualkundeunterricht, sondern auch vom Sportunterricht oder von Klassenfahrten abgemeldet werden sollen.

Wir dürfen den geistig-politischen Einfluss von Islamisten auf die muslimischen »Communities« in Deutschland wie in ganz Europa keinesfalls unterschätzen. Islamisten geht es nicht darum, Brücken zwischen Muslimen und Christen zu bauen. Sie vertiefen vielmehr die ohnehin schon vorhandenen Gegensätze. Durch Schriften, Koranschulen und vieles andere mehr dringt die islamistische Ideologie in die muslimischen Gemeinden ein. Sie wird unkritisch absorbiert von vielen enttäuschten muslimischen Jugendlichen, deren Chancen auf dem Arbeitsmarkt oftmals mangels deutscher Sprachkenntnisse, mangels Bildung und mangels beruflicher Qualifizierung gleich Null sind. Hier tickt eine gefährliche Zeitbombe.

Konsequenzen für die Politik
Was bedeutet all das für den Staat und verantwortlich agierende Politiker? Neben dem unmittelbaren Kampf gegen potenzielle Gewalttäter sind wir aufgerufen, Hasspredigern das Handwerk zu legen. Ich erinnere an einen Imam in Augsburg, der sein Freitagsgebet regelmäßig mit der Aufforderung »Tod allen Christen« beendete. In Berlin soll ein Imam es als gottgefällig bezeichnet haben, die Kinder von »Ungläubigen« zu töten, gleich welchen Alters sie seien. Das macht in erschreckender Weise deutlich: Es gibt in und im Umkreis von Moscheen fundamentalistische Strömungen, die sogar Gewaltaufrufe zeitigen. Hier muss klar sein: Ausländer, die sich nicht an die Spielregeln unserer freiheitlich-demokratischen Grundordnung halten, missbrauchen ihr Gastrecht. Sie müssen Deutschland so schnell wie möglich verlassen.

Von der übergroßen Mehrzahl der friedlichen Muslime müssen wir eine klare Distanzierung von solchen Hasspredigern verlangen. Und ein klares Bekenntnis zur Werteordnung des Grundgesetzes. Ich begrüße es von daher grundsätzlich, dass der Zentralrat der Muslime in Deutschland in seiner »Islamischen Charta« die vom Grundgesetz garantierte gewaltenteilige rechtsstaatliche und demokratische Ordnung bejaht. Allerdings lässt die Charta entscheidende Fragen offen. Wenn es in der Charta heißt, dass das islamische Recht Muslime in der Diaspora verpflichtet, »sich grundsätzlich an die lokale Rechtsordnung zu halten«, dann bedeutet dies, dass es offensichtlich auch Ausnahmen gibt – so zumindest lesen wir Juristen das Wörtchen »grundsätzlich«. Keinesfalls akzeptabel wäre es für mich, wenn damit indirekt der Scharia der Vorrang eingeräumt würde. Es genügt auch nicht, wenn die Charta feststellt, es bestehe kein Widerspruch zwischen der islamischen Lehre und dem Kernbestand der Menschenrechte. Denn es bleibt unklar, was zum Kernbestand gehört und was nicht. Für mich wäre es nicht hinnehmbar, dass die Scharia, nach der zum Beispiel Männer und Frauen als ungleich gelten und demnach auch ungleich zu behandeln sind, den Rahmen für die Menschenrechte bildete. Vielmehr muss es darum gehen, muslimische Mädchen zu weltoffenen, toleranten, selbstbewussten jungen Frauen zu erziehen, zu Frauen, die dann auch in unserer Gesellschaft gleichberechtigte Chancen haben und nicht etwa unter Kopftuch oder Burka versteckt in ihren Wohnungen die Integrationsmängel an die nächste Generation weitergeben.

Streitthemen: Moscheen, Burka, Kopftuch
Bei aller Entfaltungsfreiheit, die unsere Rechtsordnung jedem zugesteht, müssen wir auch Toleranz und Rücksichtnahme auf die Normen und Gepflogenheiten verlangen, denen sich unsere einheimische Bevölkerung verpflichtet fühlt. Konkret heißt das zum Beispiel: Muslime sollen die Möglichkeit haben, Moscheen und Gebetsräume zu errichten, bei der Gestaltung muss aber eine Lösung gefunden werden, die sich in unsere Städte und Landschaf-

ten einfügt. Das betrifft insbesondere den Bau von Minaretten. Ich selbst habe dabei mitgewirkt, dass die Muslime in Fürth ein Minarett errichten konnten, das sich in die Umgebung harmonisch eingefügt hat. Ein Minarett zum Beispiel mitten in Oberammergau, das als Provokation verstanden wird, könnte dagegen im Rahmen des normalen Baurechts unterbunden werden. Keinen Spielraum sehe ich beim öffentlichen Ruf des Muezzins. Er widerspricht nicht nur dem Gefühl unserer Bürger für ihre Heimat, sondern dokumentiert auch den Wunsch, den öffentlichen Raum zu beherrschen: Im Unterschied zu Kirchenglocken wird mit dem Ruf »Allah ist größer. Es gibt keinen anderen Gott außer Allah. Mohammed ist sein Prophet« nicht nur zum Gebet aufgefordert, sondern auch ein Absolutheitsanspruch vertreten. Und das häufig von Muslimen, die eine Trennung von Staat und Religion nicht akzeptieren.

Auch manche Moscheebauten werden durchaus als politisches Symbol verstanden. Das gilt gerade für den Bau von Minaretten. Allerdings verlangen aus meiner Sicht sowohl unser Rechtssystem als auch die christliche Überzeugung, dass wir Andersgläubigen das Recht zum Bau öffentlicher Gebetsräume zugestehen, das wir selbst in Anspruch nehmen. Ich habe zwar Verständnis für Menschen, die Moscheebauten mit dem Argument ablehnen, dass in vielen muslimischen Ländern der Bau von Kirchen verboten ist. Doch wir können nicht sagen, nur weil die anderen diskriminieren, machen wir das auch. Ich bin im Gegenteil froh und stolz, dass unser Rechtssystem nach vielen Kämpfen die Freiheit des Andersgläubigen anerkennt. Unabhängig davon besteht der moralische Anspruch, dass Muslime, die hierzulande Religionsfreiheit genießen, sich dann auch für Toleranz in muslimischen Ländern einsetzen. Der hiesige Muslim muss sich dafür einsetzen, dass Christen in muslimischen Ländern wirkliche Religionsfreiheit gewährt wird: Das reicht vom Bau von Kirchen über die Möglichkeit zum öffentlichen Glaubenszeugnis bis hin zur Konversion. Es ist unerträglich, dass Menschen, die vom Islam zum Christentum konvertieren, in vielen Staaten diskriminiert oder sogar verfolgt werden. Auch die Politik muss sich der Themen Religionsfreiheit und Christenverfolgung stärker annehmen.

Mit gemischten Gefühlen, aber doch mit gewisser Hoffnung verfolge ich die Entwicklung in der Türkei: Einerseits haben Kirchen hier keinen öffentlich-rechtlichen Status, ausländische Pfarrer können ihren Dienst in der Regel nur als Angehörige ihrer Botschaften leisten. Das bedeutet, dass christliche Gemeinschaften oft der Willkür lokaler Behörden ausgesetzt sind. Entgegen mancher Befürchtungen gab es in den letzten Jahren unter der Regierung der gemäßigt islamischen AKP unter Tayyib Erdogan aber auch Verbesserungen. In Alanya konnte ich evangelische Gottesdienste besuchen, die auch schon mal im Kellerraum des städtischen Kulturzentrums stattfanden. In Antalya hat der katholische Prälat Rainer Korten ein Haus angemietet, an dessen Tür für alle sichtbar ein Kreuz hängt. Jüngst hat die Regierung angekündigt, das griechisch-orthodoxe Priesterseminar auf der Insel Chalki/Heybeli vor Istanbul wiederzueröffnen. Umso tragischer war im Jahr 2007 die brutale Ermordung von drei Christen im osttürkischen Malatya, unter ihnen der Deutsche Tilmann Geske. Immer noch sehen viele türkische Muslime die Entscheidung von Landsleuten, Christ zu werden, als Verrat an Allah und als Verrat an der Türkei an.

Auch wenn in der Türkei von Staatsgründer Kemal Atatürk der den Muslimen heilige Freitag vom Sonntag als arbeitsfreier Tag abgelöst wurde, erwarte ich nicht, dass in anderen islamisch geprägten Ländern der Sonntag eingeführt wird. Genauso gilt, dass wir hierzulande aufgrund unserer Kultur und unserer Tradition christlichen Feiertagen einen besonderen Schutz zuteilwerden lassen. Dies kann für islamische Feiertage nicht gelten. Gänzlich verständnislos stehe ich Forderungen gegenüber, in Deutschland einen islamischen Feiertag einzuführen und dafür einen christlichen zu streichen. Dass die meisten Mitbürger ähnlich denken, ist bei einer Allensbach-Umfrage aus dem Jahr 2004 deutlich geworden. 89 % der Befragten wiesen diesen Vorschlag als absurd zurück. Ich unterstütze aber selbstverständlich Bestrebungen, im Arbeitsleben auf die Pflege der religiösen Bräuche an islamischen Feiertagen Rücksicht zu nehmen. Seit den entsprechenden Verboten in Belgien und Frankreich wird auch hierzulande über ein öffentliches Verbot der Burka, also der Vollverschleierung, nachgedacht. Die Burka wird auch von vielen Muslimen sehr kritisch gesehen, weil sie für ein problematisches Frauenbild steht und die Integration erschwert. Was bedeutet es, wenn man von Frauen lediglich die Augen sehen darf? Frauen sagen, dass sie sich fühlen, als ob sie nicht existierten, als wären sie ohne Persönlichkeit. Verhüllte Frauen nehmen nicht am öffentlichen Leben teil und werden in der Regel auch nicht angesprochen. Wenn dann als Grund für die Verhüllung angegeben wird, dass Männer durch das Zeigen der Schönheit nicht in Versuchung geführt werden sollen, scheint es, als würden Frauen auf eine Rolle als Objekte sexueller Begierde reduziert und als müssten sie auch noch selbst die Folgen dieser durch Männer vorgenommenen Reduktion tragen. Daher ist die Burka höchst problematisch: Ein Zeichen für die Verengung des Menschenbildes, wie es mir wesensfremd ist. Dennoch glaube ich nicht, dass ein staatliches Verbot ein geeignetes Mittel ist, darauf zu reagieren. Manche Frauen, so fürchte ich, dürften dann gar nicht mehr ihr Haus verlassen. Hier besteht Aufklärungsbedarf, vor allem innerhalb der islamischen Gemeinschaft. Im Alltag erlebe ich es als unproblematisch, wenn im Sommer zahlreiche Burka-Trägerinnen aus arabischen Ländern durch die Münchner Fußgängerzone flanieren und einkaufen – die Münchner, so mein Eindruck, stört's jedenfalls nicht.

Der Unterschied zwischen Kopftuch und Ordenstracht
Etwas anders sieht es bei der Frage des Kopftuchs in öffentlichen Einrichtungen aus – gerade das Kopftuch an Schulen hat ja schon für viele Schlagzeilen gesorgt. Lehrkräfte sind in weltanschaulichen Dingen zu besonderer Zurückhaltung aufgerufen. Deshalb

halte ich es nicht für vertretbar, dass muslimische Lehrerinnen an deutschen Schulen ein Kopftuch tragen. Das Kopftuch ist kein bloßes Stück Stoff, sondern ein politisches Symbol. Es steht für eine bestimmte Richtung im Islam, die sich an fundamentalistischen Grundsätzen und gesellschaftlichen Vorstellungen orientiert, die der Werteordnung unserer Verfassung widersprechen. Die Schule muss ein Raum der Freiheit und der Neutralität sein, in dem der Gleichheitsgrundsatz nicht infrage gestellt wird, daher hat das Kopftuch in den Schulen nichts zu suchen.

Für abwegig halte ich die Gleichsetzung von Kopftuch und Ordenstracht. Zum einen fehlt bei der Ordenstracht der politische Anspruch, zum anderen muss eine christlich geprägte Gesellschaft Ausdrucksformen der traditionellen Religion einen Vorrang einräumen dürfen. Das gilt gleichermaßen für die Kruzifix-Debatte, die inzwischen nicht nur in Deutschland, sondern auch in Italien geführt wird.

Für eine Verständigung zwischen den Kulturen und Religionen ist es wichtig, dass man sich mit seiner eigenen religiösen Identität auseinandersetzt. Daher plädiere ich nachdrücklich für die Beibehaltung des konfessionellen Religionsunterrichts an den Schulen. Im konfessionellen Religionsunterricht wird nicht einfach nur wertneutral über den christlichen Glauben informiert – so wichtig Information über die Zusammenhänge von Religion, Geschichte und Kultur ist. Aber es geht auch um religiöse Bindung. Religionslehrer, die ihren Glauben leben, können für ihre Schüler Ansprechpartner in Sinn- und Glaubensfragen sein. Außerdem zeigt ein konfessioneller Unterricht bei aller ökumenischen Verbundenheit, dass Glaube nicht im luftleeren Raum stattfindet, sondern in Verbindung mit der jeweiligen Kirche. Erfreulich ist, dass auch viele Kinder ohne Religionszugehörigkeit den evangelischen oder katholischen Religionsunterricht besuchen, weil sie sich offensichtlich selbst für den christlichen Glauben interessieren oder weil sich die Eltern eine christliche Bildung und Werteerziehung wünschen.

Für fatal halte ich dagegen die Entscheidung der rot-roten Koalition des Landes Berlin, ab dem Schuljahr 2006/2007 ein (angeblich!) weltanschaulich »neutrales« Fach namens »Werteunterricht« einzuführen und Religion zum freiwilligen Zusatzfach zu degradieren. Wenn man den Religionsunterricht und damit die Möglichkeit abschafft, feste christliche Werte zu erkennen, dann lässt man vor allem die jungen Menschen im Stich. Ohnehin zeigt sich in der Berliner Bildungspolitik der Einfluss atheistischer Organisationen in einem bedenklichen Maße. Die bildungspolitische Sprecherin der SPD-Fraktion im Abgeordnetenhaus etwa, die Abgeordnete Felicitas Tesch, ist gleichzeitig stellvertretende Landesvorsitzende des Humanistischen Verbandes Deutschland (HVD), der sich als Interessensvertretung Konfessionsloser versteht. Leider konnte sich das Volksbegehren »Pro Reli« im April 2009 nicht durchsetzen: Während im alten Westteil der Stadt eine Mehrheit von über 60 Prozent für »Pro Reli« stimmte, votierten die Menschen im Osten Berlins mit Mehrheiten von meist mehr als 70 Prozent dagegen. Das zeigt, wie tief der DDR-Atheismus die Gesellschaft auch 20 Jahre nach dem Mauerfall noch prägt. Gerade aber in so manchem von sozialen Problemen und Kriminalität gebeutelten Ost-Berliner Stadtteil wäre ein guter Religionsunterricht, der auf Werte- und Herzensbildung angelegt ist, dringend erforderlich.

Ich unterstütze durchaus Bestrebungen für einen eigenständigen islamischen Religionsunterricht – sofern dieser bestimmte Voraussetzungen erfüllt. Durch das Fach »Islamische religiöse Unterweisung« leisten die Jahrgangsstufen 1 bis 5 der Volksschulen in Bayern bereits seit den Achtzigerjahren einen wesentlichen Beitrag zur religiösen Integration türkischer Schüler. Der Unterricht wird auf der Grundlage bayerischer Richtlinien in türkischer Sprache von türkischen Lehrkräften erteilt, die der bayerischen Schulaufsicht unterstehen. Seit dem Schuljahr 2001/2002 gibt es auch Angebote religiöser Unterweisung für türkische Schüler muslimischen Glaubens in deutscher Sprache. Besonders hilfreich ist das »Erlanger Modell«, bei dem der Staat mit wissenschaftlicher

Unterstützung und in Zusammenarbeit mit der örtlichen islamischen Gemeinde den Religionsunterricht entwickelt hat. Bei diesem Unterricht nehmen die Schüler Einblick in die Geschichte des Islam, in prophetische Erzählungen und in die Überlieferung des Propheten Mohammed. Sie erfahren von den gemeinsamen Wurzeln der Buchreligionen. Gleichzeitig werden sie angehalten, auch mit Andersgläubigen zusammenzuarbeiten, sich gegenseitig zu achten und Freundschaften zu schließen. Wir sind daran interessiert, zusätzliche Unterrichtsangebote zu entwickeln, die inhaltlich einem islamischen Religionsunterricht nahe kommen. Ein verfassungstreuer Religionsunterricht kann uns helfen, die Muslime der nächsten Generation für einen toleranten Islam, der mit dem Grundgesetz kompatibel ist, zu gewinnen. Dies gilt umso mehr, als die Lehrinhalte in den Koranschulen und Moscheenvereinen die Integration nicht immer fördern. Die jungen Muslime lernen dort viel zu wenig, wie sie ihre Religion mit Grundgesetz und Demokratie in Einklang bringen können. Vielmehr lesen sie nicht selten deutsche Übersetzungen von Sayyid Qutb, einem der Väter des islamischen Fundamentalismus.

Für die flächendeckende Einführung eines Religionsunterrichts für Muslime in deutscher Sprache gibt es allerdings hohe rechtliche Hürden. Das Problem liegt darin, dass der Islam keine Organisationsstrukturen wie die christlichen Kirchen kennt; letztlich gibt es auch keine allgemein anerkannte Lehrautorität. Weder die zahllosen muslimischen Vereine noch die deutschlandweit existierenden Dachverbände erfüllen die Kriterien für eine Religionsgemeinschaft im Sinne des Grundgesetzes. Es fehlt also bislang ein autorisierter Ansprechpartner, der repräsentativ für einen größeren Prozentsatz von Muslimen in Deutschland sprechen und verbindliche Aussagen über Glaubensinhalte treffen könnte. Aber auch wenn diese Probleme gelöst werden können (wie im Erlanger Modell), bleibt entscheidend, dass der Religionsunterricht vom Staat organisiert wird, denn nur er kann garantieren, dass in einem solchen Unterricht die Verfassung geachtet wird.

Selbstbewusster Dialog: Wir glauben nicht an denselben Gott!
Für sehr wichtig halte ich es, den Dialog mit unseren muslimischen Mitbürgern zu verstärken. Hier sind die christlichen Kirchen besonders gefordert. Allerdings sollten wir diesen Dialog selbstbewusst führen und unsere eigenen Glaubensgrundlagen nicht infrage stellen. Der Dialog darf keinesfalls nach dem immer wieder anzutreffenden Muster verlaufen: »Muslime informieren unwissende, vorurteilsbeladene Nichtmuslime über den wahren Islam.« Ich habe selbst Diskussionen erlebt, bei denen die christlichen Gesprächspartner von Muslimen darüber belehrt wurden, dass sie eigentlich ohnehin nichts vom Islam wüssten und dass das Christentum lediglich als Vorläuferreligion zum Islam zu sehen sei. Kritische Nachfragen werden häufig nicht wahrgenommen, zumal weitgehend die Vorstellung herrscht, dass der Koran von Allah wörtlich diktiert und daher nicht zu hinterfragen sei. Hinzu kommt dann noch das Sprachproblem, weil nur die arabische Originalfassung als verbindlich gilt: Da tun sich, wie ich in einer Diskussion mit einem indonesischen Theologen erfahren konnte, selbst islamische Religionsgelehrte schwer.

Dagegen sage ich: Kritische Fragen dürfen im Dialog nicht ausgespart werden. Dabei geht es insbesondere um Fragen nach der Gleichberechtigung von Mann und Frau, dem Verständnis der Menschenrechte, menschenunwürdigen Strafen in der Scharia (man denke an die religiös begründeten Steinigungen im Iran), dem Verhältnis von Islam und Demokratie sowie nach Koran-Suren, die zum Kampf gegen die Ungläubigen aufrufen. Schließlich gab es im Leben von Mohammed nicht nur Zeiten, in denen er als Prophet des Friedens auftrat, sondern auch Zeiten, in denen er als Anwalt von Gewalt agierte. Gerade wegen solcher Probleme braucht der Islam eine Art historisch-kritische Lesart des Korans, um bestimmte Aussagen vor dem zeitlichen Hintergrund seiner Entstehung einordnen (und ggf. auch korrigieren) zu können. Schließlich muss im Gespräch mit Muslimen, die hierzulande Religionsfreiheit einfordern, die zum Teil extreme Intoleranz in islamisch geprägten Staaten angesprochen werden, die bis hin zu Schikanen und Verfolgungen von Christen reicht. Dazu müssen auch Muslime, die in Deutschland leben, Stellung beziehen.

Als Christen dürfen wir auch nicht den Eindruck erwecken zu glauben, dass die Unterschiede zwischen Christentum und Islam nur geringfügig seien. Christen bekennen sich zu dem Gott, der sich in Jesus Christus offenbart hat, der Islam lehnt dagegen die Selbstoffenbarung Gottes in Jesus Christus ab. Insofern haben wir keinen Grund zu sagen, wir würden uns zum selben Gott wie die Muslime bekennen. Selbstverständlich darf die Kirche auch nicht den grundsätzlichen Missionsanspruch aufgeben. Zu Recht heißt es in der EKD-Handreichung »Klarheit und gute Nachbarschaft« aus dem Jahr 2006: »Christen gehen auf Angehörige anderer Religionen zu und lassen sich von dieser Begegnung auch nicht durch das abhalten, was ihnen zunächst fremd und unverständlich erscheint. Aufgrund ihres Auftrages, auch Muslimen zu bezeugen, dass sie Gottes geliebte Geschöpfe sind, werden sie sich für die Respektierung der muslimischen Gemeinschaft einsetzen. Bereits darin kommen Achtung und Würde zum Ausdruck, mit der Gott jedem Menschen begegnet. Christliche Mission bedeutet jedoch mehr als respektvolle Begegnung. Sie umfasst das Zeugnis vom dreieinigen Gott, der den Menschen durch Jesus Christus zu wahrer Menschlichkeit befreit. Es ist für die evangelische Kirche ausgeschlossen, dieses Zeugnis zu verschweigen oder es Angehörigen anderer Religionen schuldig zu bleiben. Das würde die Begegnung auch mit Muslimen von vornherein unwahrhaftig machen und in eine falsche Richtung lenken.«

Der Dialog der Kulturen und Religionen ist in einer Welt, in der wir alle näher zusammenrücken, sehr wichtig und sollte uns zu gegenseitigem Verständnis und zur Toleranz erziehen. Wir dürfen aber nicht vergessen, dass Islam und Christentum eigenständige Traditionen entwickelt haben, die zu Konflikten führen können. Das Zusammenleben im Alltag muss deshalb vom Geist gegenseitiger Rücksichtnahme getragen sein. Wer in unserer christlich-abendländisch geprägten Gesellschaft lebt, muss deren Traditionen respektieren und darf sich nicht durch sein Verhalten in ein imaginäres Ghetto zurückziehen. Nur auf diese Weise ist ein echtes Miteinander von Bürgern unterschiedlicher Herkunft und unterschiedlicher Religion möglich, ohne das wir auf Dauer nicht in Frieden leben können.

Vor diesem Hintergrund ist es aber wichtig, dass sich die Gesellschaft in Deutschland darüber klar wird, was für sie verhandelbar ist und was nicht. Es ist bedauerlich, dass Debatten um eine deutsche Leitkultur in den vergangenen Jahren immer gleich in ihren Ansätzen versandet sind. Wir müssen uns unserer geistigen und geistlichen Wurzeln doch nicht schämen! Dazu gehören – ich wiederhole es – neben der Aufklärung, neben den Prinzipien von Freiheit, Gleichheit, Brüderlichkeit, eben die christlich-jüdischen Wurzeln unseres Denkens. Deshalb kann es keine völlige Gleichbehandlung der Religionen geben, zum Beispiel mit Blick auf das Fach Religion oder das Kreuz in öffentlichen Einrichtungen. Es war durchaus gut, dass das Bundesverfassungsgericht in seinem umstrittenen Kruzifix-Urteil aus dem Jahr 1995 nicht nur von einer kulturellen Bedeutung des Kreuzes gesprochen hat. Dort hieß es: »Das Kreuz ist Symbol einer bestimmten religiösen Überzeugung und nicht etwa nur Ausdruck der vom Christentum mitgeprägten abendländischen Kultur. (...) Es versinnbildlicht die im Opfertod Christi vollzogene Erlösung des Menschen von der Erbschuld, zugleich aber auch den Sieg Christi über Satan und Tod und seine Herrschaft über die Welt, Leiden und Triumph in einem. (...) Es wäre eine dem Selbstverständnis des Christentums und der christlichen Kirchen zuwiderlaufende Profanisierung des Kreuzes, wenn man es als bloßen Ausdruck abendländischer Tradition oder als kultisches Zeichen ohne spezifischen Glaubensbezug ansehen wollte.« Richtig – nur leider haben die Karlsruher Richter eine falsche Konsequenz gezogen: Schon wenn *ein* Schüler (meist sind es Eltern, die ihre Kinder nur vorschieben) Anstoß am Kreuz im Klassenzimmer nimmt, muss es abgehängt werden. Damit wird nicht nur der Mehrheitswille untergraben, sondern auch Hand an die Wurzel unserer christlich geprägten Gesellschaft gelegt.

Der fehlende Gottesbezug

In diesem Zusammenhang ist auch auf die Debatte um einen Gottesbezug in der EU-Verfassung einzugehen. Mein Parteikollege Ingo Friedrich hatte sich bereits im Brüsseler Konvent zur Erarbeitung einer Grundrechtecharta für einen Gottesbezug stark gemacht. Er scheiterte jedoch vor allem am Veto Frankreichs, das für den Laizismus focht. Selbst den allgemeinen Hinweis auf das religiöse Erbe Europas wollte die französische Führung mit Staatspräsident Jacques Chirac und Premier Lionel Jospin nicht zugestehen. Man einigte sich schließlich durch einen Übersetzungstrick: Während in der deutschen Fassung der Grundrechtecharta, die auf dem Gipfel von Nizza im Dezember 2000 proklamiert wurde, vom »geistig-religiösen Erbe« Europas die Rede war, sprach die französische Fassung von einem »patrimoine spirituel«, also einem spirituellen Erbe. Im Vergleich dazu ist die Präambel des EU-Reformvertrags etwas besser: Hier wird nun explizit vom »kulturellen, religiösen und humanistischen Erbe Europas« gesprochen. Freilich: Von den jüdisch-christlichen Wurzeln Europas ist keine Rede, obwohl doch unbestritten ist, dass Europa (und auch das politische Projekt Europa nach dem Zweiten Weltkrieg) nicht ohne das Christentum denkbar ist. Im Unterschied zum Grundgesetz und zur Bayerischen Verfassung verzichtet der EU-Reformvertrag auch ganz auf einen Gottesbezug. Das bedauere ich nicht nur als Christ, sondern auch als Politiker, der um die Grenzen der Politik weiß. Ein Gottesbezug würde diese Grenzen deutlich machen und zeigen, dass wir als Politiker in dieser doppelten Verantwortung stehen – vor Gott und den Menschen.

2. Gebot

*Du sollst den Namen des HERRN,
deines Gottes, nicht missbrauchen;
denn der HERR wird den nicht ungestraft lassen,
der seinen Namen missbraucht.*

Die Bedeutung dieses Gebots erschließt sich vor allem dann, wenn man weiß, welche Bedeutung Namen in der jüdischen Welt haben: Namen sind nicht einfach Schall und Rauch. Namen haben Bedeutungen, sie stehen für den Charakter von Menschen und sagen etwas über ihr Wesen aus, wie sich an vielen Stellen des Alten Testaments zeigen lässt. Auch Gott selbst stellt sich Mose gegenüber mit Namen vor – ein Name, der gleichzeitig Programm ist. Deshalb ist der Name Gottes für gläubige Juden so kostbar, dass sie es gar nicht wagen, ihn auszusprechen. Wie beiläufig, wie gedankenlos verwenden wir dagegen oft den Namen Gottes – ich sicher auch. Ein »Gott sei Dank« oder ein »Um Gottes Willen« ist so schnell dahingesagt, ohne dass man in irgendeiner Weise daran denkt, Gott wirklich zu danken oder nach Gottes Willen zu fragen. Manche nennen diese Art, den Namen Gottes zu missbrauchen, »Telefonterror bei Gott«. In dem Sinn muss sich jeder an der Nase fassen, um dem 2. Gebot gerecht zu werden.

In der öffentlichen Debatte spielt beim 2. Gebot die Frage nach der Gotteslästerung eine Rolle. Was haben wir in den vergangenen Jahren nicht alles mit ansehen müssen: Gekreuzigte Schweine, Fernsehserien wie »Popetown«, die sich über Kirche und Glaube lustig machen, zum Karfreitag 2010 sogar eine Karikatur in der Satirezeitschrift »Titanic«, die den Eindruck erweckte, als ob sich ein Priester am Geschlechtsteil von Jesus zu schaffen macht, während dieser am Kreuz hängt und stirbt. Zahlreiche Bürger haben sich darüber beim Presserat beschwert – wenn auch ohne Erfolg. Was für ein Hohn, wenn sich der Chefredakteur von »Titanic« dann als Unschuldslamm darstellt: »Diese Reaktion ist für uns unverständlich, insbesondere der Vorwurf, durch diesen Titel könnte die katholische Kirche beleidigt werden. Wir wissen nicht, woher diese Interpretation kommt, und wir sind schockiert über die zum Teil anstößigen und jugendgefährdenden Phantasien, die dieser Titel in manchen Hirnen auslöst.«

Aus meiner Sicht sind die Grenzen des guten Geschmacks hier längst überschritten. Aber noch mehr als das: Manches, was unter Kunst- und Meinungsfreiheit läuft, ist für Gläubige eine bewusste Provokation. Dabei verlangt die Achtung vor den Grundvorstellungen der menschlichen Existenz ein Mindestmaß an Respekt vor den religiösen Überzeugungen anderer, sonst droht eine Verrohung der Sitten. Gott selbst bräuchte wahrscheinlich keinen Schutz vor Gotteslästerung, doch es geht in einer Gesellschaft um Rücksichtnahme auf das, was anderen heilig ist. Das sollte in der öffentlichen Diskussion im Vordergrund stehen, nicht das Strafrecht.

Blasphemie im Namen der Kunstfreiheit?

Dennoch muss auch das Strafrecht Grenzen aufzeigen, die nicht überschritten werden dürfen. Die bisherige Regelung des § 166 StGB hat sich freilich als stumpfes Schwert erwiesen: Die Beschimpfung von religiösen und weltanschaulichen Bekenntnissen, von Religionsgemeinschaften oder Weltanschauungsvereinigungen ist demnach nur dann strafbar, wenn sie geeignet ist, den öffentlichen Frieden zu stören. Das wird inzwischen so verstanden: Erst wenn eine Beleidigung gewalttätige Proteste hervorruft, wird sie strafrechtlich belangt. Wenn dagegen Christen friedlich gegen Gotteslästerung demonstrieren, reicht das nicht. Vor Gericht haben Christen, die ihren Glauben verunglimpft sehen, daher kaum Chancen auf Erfolg. Als die bereits erwähnte Satirezeitschrift »Titanic« ein Kreuz als Klorollen-Halter abbildete und den Gekreuzigten als denjenigen darstellte, der die Rolle hielt, und das alles unter dem Titel »Spielt Jesus noch eine Rolle?«, scheiterte die katholische

Deutsche Bischofskonferenz mit einer Strafanzeige. Und als Florian Pronold während des Kruzifix-Streits, also noch vor seiner Zeit als SPD-Landesvorsitzender in Bayern, vom »überflüssigen Lattengustl« sprach, kam er ebenfalls um ein Verfahren herum. Nur: Man kann doch nicht verlangen, dass es erst zu Gewaltakten kommen muss, damit auf eine Gotteslästerung und eine Verhöhnung Gläubiger reagiert wird! Das Gesetz müsste vielmehr dann greifen, wenn ein normal denkender Mensch Anstoß an einer solchen Aktivität nimmt, die das friedliche Zusammenleben belastet.

In diesem Zusammenhang ist der unterschiedliche Umgang mit Gotteslästerung gegenüber den verschiedenen Religionen bemerkenswert. Mir scheint, als gebe es in der Öffentlichkeit weit mehr Rücksichtnahme auf den Islam als auf die eigene Religion. Helmut Matthies, Chefredakteur des evangelischen Wochenmagazins »Idea Spektrum«, fragte, ob Titanic es denn auch wagen würde, »Mohammed im Sex mit einem Imam vereint« zu zeigen. »Das wagte das Blatt natürlich nicht. Das hätte ja nicht nur einen Aufschrei gegeben. Zahllose deutsche Botschaften in aller Welt hätten in Flammen gestanden, und halb Deutschland wäre (…) in bürgerkriegsähnlichem Zustand gewesen, denn auch die (…) Muslime in Deutschland hätten sich das nicht bieten lassen. Das zeigen die Erfahrungen mit den vergleichsweise harmlosen dänischen Mohammed-Karikaturen 2005«, so Matthies.[3] Der Filmemacher Roland Emmerich hat erklärt, er habe in seinem Katastrophenfilm »2012« bewusst darauf verzichtet, die Zerstörung der Kaaba in Mekka zu zeigen – im Unterschied zum Petersdom oder der Christusstatue in Rio. Seine Begründung: »Christliche Symbole kann man jederzeit zusammenkrachen lassen. Aber wenn man das mit einem arabischen Symbol macht, bekommst du eine Fatwa, so ist eben zur Zeit der Zustand der Welt, also habe ich die Kaaba stehen lassen.«[4] Die Zerstörung christlicher Symbole in einem solchen Film ist sicher keine Gotteslästerung, doch der unterschiedliche Umgang mit den verschiedenen Religionen lässt doch aufhorchen: Ist uns in der öffentlichen Diskussion nur das heilig, was Muslimen heilig ist?

Um nicht missverstanden zu werden: Ich plädiere weder dafür, dass nun – gewissermaßen zum Ausgleich – über andere Religionen blasphemisch gesprochen wird. Noch dafür, dass die Meinungsfreiheit und die Freiheit der Kunst immer hinter der positiven Religionsfreiheit zurückstehen müssen. Aber ich plädiere für mehr Sensibilität im Umgang mit den religiösen Gefühlen *aller* Gläubigen – und das nicht aus Angst vor Gegenreaktionen, sondern aus Respekt. Denn: »Wer den Glauben eines anderen verächtlich macht, lächerlich von dem spricht, was einem anderen heilig ist, zeigt auch mangelnden Respekt vor der Person. Ein solcher Mensch verliert auch die Würde des anderen aus dem Auge« (Margot Käßmann).[5]

Und wie ist es, wenn in der Politik der Name Gottes missbraucht wird? Ich erinnere mich an eine Kampagne der bayerischen Grünen, die in den Landtagswahlkampf 1998 mit Plakaten mit dem Slogan »Beckstein würde auch Jesus abschieben« zogen. Der damalige Landesbischof Hermann von Loewenich, der mich in der Asylpolitik deutlich kritisiert hatte, sagte dazu: »Das Plakat instrumentalisiert religiöse Inhalte für Wahlkampfzwecke.« Dies sei mit Luthers Auslegung des 2. Gebots unvereinbar, wonach der Name Gottes nicht missbraucht werden dürfe. Streitfragen seien argumentativ zu behandeln, nicht aber durch Versuche, den politischen Gegner persönlich anzugreifen. Ich gestehe, dass mich diese Form der politischen Auseinandersetzung damals tief getroffen und verletzt hat.

Der Streit um das hohe »C«

Die Frage nach dem Missbrauch des Gottesnamens wird immer wieder auch den C-Parteien gestellt. Herbert Grönemeyer hat das in seinem Lied »Mit Gott auf unserer Seite« getan, in dem es über fiktive Unions-Politiker heißt: »Wir geben uns unverbindlich christlich. Manche nennen das Blasphemie.« So wie Grönemeyer werfen auch andere – innerhalb und außerhalb der Kirchen –

CDU und CSU vor, das C zu instrumentalisieren: Es sei nur ein Etikett, mit dem Wahlwerbung betrieben werde.

Dem ist zunächst einmal entgegenzuhalten, dass das C unter Marketing-Gesichtspunkten heutzutage sicher nicht mehr so einfach als Vorteil gewertet werden kann – etwa ein Drittel der Deutschen gehört keiner christlichen Kirche mehr an; praktizierende Christen sind zu einer Minderheit geworden. Wenn wir zum C stehen, dann aus Überzeugung und nicht aus Opportunismus. Außerdem ist klar, dass das C im Namen von CDU und CSU und im Namen anderer christdemokratischer Parteien keinen Monopolanspruch auf »christliche Politik« bedeutet. Es heißt auch nicht, dass C-Politiker die besseren Christen wären oder dass es nur in CDU und CSU Christen gäbe. Genauso engagieren sich natürlich auch Nicht-Christen und Andersgläubige bei uns. Ich selbst habe mich frühzeitig bemüht, Muslime in die CSU aufzunehmen und einen Gesprächskreis »Muslime in der CSU« zunächst in Nürnberg und dann auf Landesebene initiiert. Denn Voraussetzung für die Mitgliedschaft in der Partei ist nicht ein Glaubensbekenntnis, sondern die Zustimmung zu Grundwerten, die im Christentum ihre Wurzel haben. Ganz in diesem Sinn hat übrigens die türkischstämmige niedersächsische Sozialministerin Aygül Özkan ihren Eintritt in die CDU begründet. »Die Partei steht für Werte wie Familie, Verantwortung, Nächstenliebe. Werte, die ich auch als Muslimin lebe.«

Das Eigentliche ist aber: Der Name ist in der unmittelbaren Nachkriegszeit entstanden, als sich Menschen in den Unionsparteien zusammenschlossen, die in der Weimarer Republik als Katholiken noch beim Zentrum oder der Bayerischen Volkspartei engagiert waren, als Protestanten häufig bei den Deutschnationalen. Aus heutiger Sicht unverständlich: Christen der verschiedenen Konfessionen waren so zerstritten, zum Teil regelrecht verfeindet, dass eine Zusammenarbeit undenkbar war – was den Extremen auf beiden Seiten des Parteienspektrums half. Das sollte sich nach dem Krieg nicht wiederholen. Das Nachkriegsdeutschland sollte auf christlichen Werten aufgebaut werden. So hieß es in dem 30-Punkte-Plan der neu gegründeten Christlich-Sozialen Union aus dem Jahr 1946: »Am Irrweg des Nationalsozialismus haben wir erfahren, dass alle rein menschlichen Ordnungsbegriffe brüchig und hinfällig sind. In der Bindung an Gott und in der Verpflichtung unseres Gewissens haben wir die einzige Gewähr für wahre Freiheit. Als die wesentliche Grundlage unserer Kultur erkennen wir das Christentum. In einer tief greifenden inneren Erneuerung sehen wir die erste Voraussetzung einer besseren sozialen und politischen Ordnung unseres Volkes.«

So wurden CDU und CSU von Christen initiiert, die sich im Widerstand gegen das NS-Regime gefunden hatten; die Gespräche dazu wurden zum Teil schon in Gefängnissen und Konzentrationslagern geführt. Männer wie Josef Müller (Ochsen-Sepp), Adam Stegerwald oder Hermann Ehlers wollten die konfessionellen Grenzen mit Hilfe einer gemeinsamen christlichen Partei überwinden. Interessant ist, dass der Katholik Müller während der NS-Zeit in Gesprächen mit dem evangelischen Theologen Dietrich Bonhoeffer war. Ich bin mir sicher, dass Bonhoeffer, wäre er nicht von den Nazis ermordet worden, Gründungsmitglied der Union geworden wäre (wobei ich nicht weiß, wie lange er in der Union geblieben wäre).

Damit war die Politik den Kirchen um einiges voraus: Es gab dank CDU und CSU eine politische Ökumene, als das Wort Ökumene für viele in den Kirchen noch ein Fremdwort war. Ich erinnere mich noch an meine Zeit im Konfirmandenunterricht in der Nürnberger Gustav-Adolf-Kirche: Da rief unser Pfarrer Schönweiß dazu auf, dass wir Evangelischen nur ja keine Katholiken als Mieter in unsere Wohnungen hereinnehmen sollten, weil Nürnberg sonst katholisch werden könnte. In der Nähe von Hersbruck gab es ein katholisches Werk. Dort haben die Schwestern am Karfreitag, unserem höchsten protestantischen Feiertag, immer demonstrativ Wäsche gewaschen. Dafür haben wir als Evangelische an Fronleichnam in der Regel Teppich geklopft. Meine Frau bezeichnet das als kindische Reibereien, die bei gut gelungener Erziehung vermeidbar gewesen wären. Doch andere Fragen haben Angehörige der verschiedenen Konfessionen damals wirklich in tiefe Konflikte gestürzt, zum Beispiel die Frage von »Mischehen« zwischen evangelischen und katholischen Partnern. – Also: Als die Ökumene in den Kirchen noch längst nicht Realität war, wurde durch die C-Parteien schon eine Form der Ökumene auf den Weg gebracht: die Ökumene derer, die Politik ganz bewusst nach dem christlichen Menschenbild gestalten wollen. Die Unionsparteien in Deutschland haben damit eine Vorreiterrolle für die Ökumene gespielt.

Darüber hinaus macht das C schon im Namen deutlich, dass Politik in doppelter Verantwortung steht: vor Gott und den Menschen. Diese doppelte Verantwortung, diese Rückbindung eigenen Handelns an das Transzendente, bewahrt vor falschen Heilsversprechen. Wir sind uns der Unvollkommenheit unseres Tuns bewusst und nicht immer in der Lage, die konkreten Folgen unseres Handelns bis ins letzte Detail abzuschätzen. Wer im Menschen das Ebenbild Gottes sieht, der sieht ihn als freiheitsfähig, autonom, selbstständig und gestaltungsfreudig, aber ebenso als schwach, hinfällig, hilfe- und pflegebedürftig. Das bedeutet: Wer das C im Namen trägt, muss reflexionsfähig sein und sich die Fähigkeit bewahren (bzw. immer wieder neu erarbeiten), Fehler einzusehen und zu korrigieren. Ideologiebehaftete Politik dagegen, ob von links oder von rechts, ist starr, verfestigt, macht blind gegenüber Realitäten und führt letztlich zur Realitätsverweigerung. Nicht selten endet solche Politik in Unterdrückung, Gewalt, in Menschenverachtung.

Was »christliche Politik« bedeuten kann – und was nicht
Eine am C orientierte Politik ist dagegen ideologiefrei. Sie hütet sich vor den vielfältigen »-ismen« und orientiert sich stattdessen konkret am Menschen. Sie denkt vom Menschen her und nicht in Systemen. Christliche Politik hebt sich damit klar ab von rein indi-

vidualistischen oder kollektivistischen Menschenbildern. Christliche Politik ist möglichst subsidiäre Politik, aus Achtung und Respekt vor der Freiheit des Menschen. Das heißt: Der Staat soll nur das leisten, was unverzichtbar seine Aufgabe ist, nämlich dem Menschen ein Leben in Sicherheit zu gewährleisten, in innerer, äußerer und sozialer Sicherheit. Ansonsten gilt der Vorrang der kleineren Einheit. Die Verantwortung des Menschen für sich selbst und für die Gesellschaft ist Leitprinzip, gegossen in das Wort von der »Solidarischen Leistungsgesellschaft«, das der langjährige CSU-Fraktionsvorsitzende Alois Glück geprägt hat. Der übrigens, ähnlich wie ich, durch sein Engagement in der kirchlichen Jugendarbeit in die Politik kam – ein Glücksfall, dass er nach seinem Ausscheiden aus der Politik zum Vorsitzenden des Zentralkomitees der deutschen Katholiken gewählt wurde.

Schließlich orientiert sich christliche Politik am Prinzip von Freiheit in Verantwortung. Die Freiheit des Christenmenschen ist immer Freiheit in Bindung, in Bindung an Menschen, in Bindung an ein Gemeinwesen, in Bindung an die Nation, in Bindung an Gott. Christliche Politik setzt auf den Menschen, vertraut dem Menschen, dass er seine Freiheit zur Verantwortung, seine Freiheit zur Mitgestaltung der Gemeinschaft gebraucht, dass er sich in das Ganze einbringt. Das C in der Politik ist demnach kein Widerspruch zum 2. Gebot, sondern knüpft vielmehr direkt am christlichen Menschenbild an.

Wenn ich von »christlicher Politik« spreche, heißt das nicht, dass es in konkreten Situationen für Christen nur eine Option gäbe. Es wird immer wieder so sein, dass Christen in der Politik zu unterschiedlichen Positionen kommen – vielleicht weil sie unterschiedliche Erfahrungen gemacht haben, weil sie verschieden werten, oder weil sie Konsequenzen einer konkreten Entscheidung anders einschätzen. Es wird Christen in der Politik geben, die für Kernenergie sind und solche, die dagegen sind, Christen, die für einen Einsatz der Bundeswehr in einem Krisengebiet und Christen, die dagegen sind, Christen, die für den Anbau gentechnisch veränderter Pflanzen sind, und solche, die das ablehnen. Im Kern geht es um Grundsätze, an denen sich das konkrete Handeln in einzelnen Situationen dann auszurichten hat. Das ist selbstverständlich nicht nur in den C-Parteien möglich.

Das C im eigenen Namen erfordert allerdings immer wieder eine ehrliche Selbstprüfung, ganz im Sinn dessen, was der frühere bayerische Ministerpräsident Hanns Seidel (1901–1961) einmal gesagt hat: »Die Glaubwürdigkeit und die Rechtfertigung einer solchen Partei hängen davon ab, ob in ihr ein unerschütterlicher Kern von Menschen tätig ist, der in der Politik nicht nur eine Gelegenheit zur Ausübung der Macht sieht, sondern der von der Überzeugung durchdrungen ist, dass es keine Diskrepanz zwischen Weltanschauung und praktischem Handeln geben darf, dass vielmehr Politik ein Auftrag ist, dessen Vollzug am Ende der Tage verantwortet werden muss.« Das heißt: Wir brauchen Christen, die sich in der Politik engagieren, die nach dem Motto des alttestamentarischen Propheten Jeremia leben: »Suchet der Stadt Bestes« (Jeremia 29,7).

3. Gebot

Du sollst den Feiertag heiligen.
Gedenke des Sabbattages, dass du ihn heiligest.
Sechs Tage sollst du arbeiten und alle deine Werke tun.
Aber am siebenten Tage ist der Sabbat des HERRN, deines Gottes.
Da sollst du keine Arbeit tun, auch nicht dein Sohn,
deine Tochter, dein Knecht, deine Magd, dein Vieh,
auch nicht dein Fremdling, der in deiner Stadt lebt.
Denn in sechs Tagen hat der HERR Himmel und Erde gemacht und
das Meer und alles, was darinnen ist, und ruhte am siebenten Tage.
Darum segnete der HERR den Sabbattag und heiligte ihn.

Manchmal frage ich mich: Wie kann man als Politiker nur dieses Gebot befolgen? Einerseits weiß ich, wie gut einem die Zeit am Sonntag im Gottesdienst und in der Familie tut, andererseits lassen sich politische Termine an einem Sonntag nicht immer vermeiden. Manchmal ist der Sonntag, gerade weil er keiner der üblichen Werktage ist, für politisches Handeln sogar regelrecht prädestiniert. So hat es sich während der Finanzkrise fast als schicksalhaft herausgestellt, dass es einen Tag gibt, an dem die Finanzmärkte weltweit (noch!) geschlossen sind: Just an einem Sonntag – es war der 12. Oktober 2008 – konnten Politiker wichtige Entscheidungen zur Stützung des Finanzsystems treffen, die die Banken rechtzeitig vor Börsenöffnung in Asien vor einem Kollaps bewahrten. In der Hektik des Marktgeschehens, in der zwischen dem Handelsschluss an der Wall Street und dem Handelsbeginn in Tokio kaum Zeit verstreicht, war der Sonntag die Rettung.

Das deutet schon an, dass der Sonntagsschutz über den rein persönlichen Bereich hinaus Bedeutung hat. Das erkennt auch das Grundgesetz an, in dem es in Artikel 140 heißt: »Der Sonntag und die staatlich anerkannten Feiertage bleiben als Tage der Arbeitsruhe und der seelischen Erhebung gesetzlich geschützt.« Damit knüpft das Grundgesetz unmittelbar an die entsprechende Regelung in

Art. 139 der Weimarer Reichsverfassung an. Schon Kaiser Konstantin freilich hatte den Sonntag im Jahr 321 zum Ruhetag erklärt. Der Hinweis in Artikel 140 GG, dass der Sonntag geschützt »bleibt«, hängt auch mit dem naturrechtlichen Denken des Grundgesetzes zusammen, das uns sowohl in der Präambel als auch in der sogenannten »Ewigkeitsklausel« des Artikels 78 begegnet: Der Sonntag ist eben »nicht eine Schöpfung des Staates, sondern ein sehr viel älteres und fundamentaleres Element unserer Zivilisation, das seine Existenz überhaupt nicht dem Staat verdankt, obwohl es auf dessen Schutz angewiesen ist« (Robert Spaemann).[6]

Dem scheint heute freilich entgegenzustehen, dass nur noch ein Bruchteil der Bürger am Sonntag einen Gottesdienst besucht (auch wenn es immer noch mehr sind als die wöchentlichen Besucher von Fußballspielen). Rund elf Millionen Erwerbstätige arbeiten regelmäßig sonntags (nicht nur unfreiwillig), so das Ergebnis des Mikrozensus »Leben und Arbeiten in Deutschland« aus dem Jahr 2008. Und Einkaufen am Sonntag ist für viele Teil des Freizeitvergnügens geworden. Ein Kommentator in der Süddeutschen Zeitung schreibt: »Die biblische Sonntagsruhe gibt es nicht mehr, seit in den Fußballstadien regelmäßig der Ball rollt und auf den Autobahnen der Ausflugsverkehr. (...) Das Shoppen gehört heute zu den Freizeit- und Familienaktivitäten – ob das nun gefällt oder nicht. Und die Verkäufer nehmen die Zuschläge, die sie für ein paar Stunden hinter der Kasse erhalten, überwiegend gerne mit.«[7]

Warum uns der Sonntag heilig sein sollte

Muss man sich nicht einfach den so beschriebenen Realitäten anpassen? Ich denke nein und berufe mich dabei auf den oben zitierten katholischen Philosophen Robert Spaemann. Spaemann argumentiert, dass der Sonntag uns davor bewahrt, das Leben ausschließlich unter ökonomischen Gesichtspunkten zu betrachten. »Der Sonntag ist gerade dadurch Sonntag, dass er nichts kostet und – im ökonomischen Sinne – nichts bringt. (...) Der Sonntag repräsentiert in unserem Lebensrhythmus, was nicht funktional, nicht ›gut zu etwas‹ ist.« Der Sonntag zeige dem Menschen vielmehr etwas von seiner Größe: »An diesem Tag sind wir nicht Knechte, sondern Herren«, so Spaemann. Zwar spricht die Bibel davon, dass Arbeit zum Mensch-Sein dazu gehört; auch warnt sie vor Faulheit: »Sieh dir die Ameise an, du Faulpelz! Nimm dir ein Beispiel an ihr, damit du weise wirst.« (Sprüche 6,6) Doch die Bibel betont eben auch den Aspekt der Ruhe. Die Ruhe ist in gewisser Weise sogar der Höhepunkt der Arbeit, die »Vollendung« – heißt es doch im biblischen Schöpfungsbericht: »Und Gott vollendete am siebten Tage seine Werke, die er machte, und ruhte am siebten Tag von allen seinen Werken, die er gemacht hatte« (1. Mose 2).

Was für Gott gilt, gilt hier auch für uns Menschen. Wir brauchen den Rhythmus zwischen Arbeit und Freizeit, zwischen Aktivität und Reflexion, zwischen Beschleunigung und Entschleunigung. Und das nicht nur um der Erholung willen, sondern auch um der »seelischen Erhebung« willen, wie das Grundgesetz sagt, selbst wenn das für unsere Ohren etwas altbacken klingen mag. Seelische Erhebung – das erinnert daran, dass der Mensch nicht um der Arbeit willen gemacht ist und nicht auf die Arbeit reduziert werden darf. Damit sind wir wieder ganz nah beim grundsätzlichen Gedanken der Menschenwürde, die unabhängig von Leistung und Können ist und jedem zukommt und ihren Ursprung in Gott hat.

Diese Argumente hat die Kirche auch in die gesellschaftliche Diskussion einzubringen. Es reicht nicht zu sagen »Ohne Sonntag gibt es nur noch Werktage«, so das Motto der ersten EKD-Aktion zum Sonntagsschutz. Besser ist das Motto der aktuellen EKD-Kampagne: »Gott sei Dank – es ist Sonntag«. Damit soll nichts gegen die vielen anderen guten Argumente gesagt sein, die auch von nicht-kirchlichen Bündnispartnern wie den Gewerkschaften für den Sonntagsschutz angeführt werden. Denn es stimmt natürlich, dass der gemeinsame Sonntag wichtig für die gemeinsame Erholung und die Begegnung in den Familien und mit Freunden ist. Der Sonntag ermöglicht eine gemeinsame Kultur, schafft

Raum für das bürgerschaftliche Engagement und begrenzt die Anforderungen der Wirtschaft, jederzeit verfügbar zu sein. Es mag vordergründig von Vorteil sein, wenn Maschinen länger laufen und Kunden länger einkaufen können, doch wir zerstören damit auch etwas, das die Gesellschaft zusammenhält.

Vor diesem Hintergrund sollten grundsätzlich nur zwei Arten von Tätigkeiten am Sonntag erlaubt sein: Tätigkeiten, die zum Erhalt des Lebens erforderlich sind, sowie Tätigkeiten, die der Besonderheit des Sonntags dienen. Zum ersten Bereich gehören insbesondere medizinische und pflegerische Aufgaben – hat doch Jesus selbst am Sabbat geheilt und auf die kritische Anfrage der Pharisäer mit jenem berühmten Wort geantwortet: »Der Sabbat ist um des Menschen willen gemacht und nicht der Mensch um des Sabbats willen.« Man kann an Dienste im Verkehrswesen denken, an Polizisten oder an Bauern, die ihre Kühe melken müssen. Auch in Fabriken muss es eine gewisse Kontinuität geben, ohne dass gleich die Maschinen auf Hochtouren laufen. Hochöfen beispielsweise lassen sich nicht so einfach anfahren und abschalten. Dann gibt es natürlich die Dienste, die gerade am Sonntag gefragt sind – ohne Pfarrer, Mesner und Organist geht es nicht. Aber auch Beschäftigte im Gastgewerbe oder im Kulturbetrieb tragen mit ihrer Arbeit am Sonntag dazu bei, dass der besondere Charakter des Sonntags deutlich wird.

Lockerung des Sonntagsschutzes?

Selbstverständlich kenne ich die Spannungen, die mit der Frage einer Lockerung des Sonntagsschutzes verbunden sind. Das möchte ich an einem Beispiel aus jüngster Zeit darlegen, nämlich der umstrittenen Lockerung des Autowaschverbots an Sonntagen im Jahr 2006, der auch ich zugestimmt habe. Eine wichtige Rolle spielte damals die besorgniserregende Lage zahlreicher Tankstellenbetriebe in Bayern. Der Branche setzten Ökosteuer, Dosenpfand sowie vor allem die weitaus günstigeren Bedingungen in den benachbarten Ländern Österreich und Tschechien stark zu; gravierende Wettbewerbsverzerrungen und ein Tanktourismus ins benachbarte Ausland gingen zu Lasten der bayerischen Betriebe. Deshalb wollten wir den Kommunen die Möglichkeit einräumen, mit einer gemeindlichen Verordnung für ihr Gemeindegebiet den Betrieb von Autowaschanlagen an Sonn- und Feiertagen ab 12.00 Uhr zuzulassen. Bei den Kirchen stieß unser Vorhaben auf Protest: Sie befürchteten eine generelle Aufweichung der Sonntagsruhe. Ich habe damals etwas flapsig darauf hingewiesen, dass auch die Vatikan-Fahrer in Rom am Sonntag ihre Autos in die Waschstraßen schicken. Doch ernsthaft: Vor dem Hintergrund der Tatsache, dass wir sonntags Auto fahren und tanken, dass viele beim Bäcker frische Semmeln kaufen und sich dann die Sonntagsspiele der Fußball-Bundesliga anschauen, hielt ich – nach Abwägung der widerstreitenden Interessen – die Lockerung des Sonntagsschutzes für den Betrieb von Autowaschanlagen für gerechtfertigt.

Damals. Denn im Nachhinein betrachte ich das als Fehler. Sicher entscheidet sich an der Freigabe des Autowaschens nicht der Schutz der Sonntagsruhe im Allgemeinen. Die Entwicklung der letzten Jahre zeigt aber, dass sich aus der Summe der Ausnahmen, für die es im konkreten Fall immer gute Argumente gibt, tatsächlich eine Tendenz zur Aufweichung des Sonntagsschutzes ergeben hat. Wie schnell werden aus traditionellen Volksfesten, aus deren Anlass Geschäfte öffnen dürfen, beliebige Firmenjubiläen, bei denen es lediglich ums Geschäft geht und Volksfestelemente nur pro forma eingebaut werden! Ich halte deshalb die bisherige Regelung in Bayern, die Ausnahmen vom Verkaufsverbot »aus Anlass von Märkten, Messen oder ähnlichen Veranstaltungen an jährlich höchstens vier Sonn- und Feiertagen« vorsieht, für völlig ausreichend.

Es ist daher auch zu begrüßen, dass das Bundesverfassungsgericht den Beschluss der rot-rot-regierten Hauptstadt Berlin gestoppt hat, den Ladenschluss an allen vier Adventssonntagen aufzuheben. Gegen die entsprechende Gesetzesänderung aus dem Jahr 2006 hatten die evangelische Landeskirche sowie das katholische

Erzbistum in Berlin geklagt. Der 1. Senat des Bundesverfassungsgerichts machte in seiner Entscheidung vom 1. Dezember 2009 deutlich, dass »wirtschaftliche Interessen von Verkaufsstelleninhabern und alltägliche Erwerbsinteressen der Käufer für die Ladenöffnung« kein ausreichender Sachgrund für eine so weitgehende Ausnahme vom Sonntagsschutz sein können. In der Begründung verweisen die Karlsruher Richter sowohl auf die Bedeutung des Sonntags für die christlichen Kirchen als auch für »die Verfolgung profaner Ziele wie die der persönlichen Ruhe, Besinnung, Erholung und Zerstreuung.«

Als ein Schritt in die falsche Richtung hat sich auch die Abschaffung des Buß- und Bettages als gesetzlicher Feiertag im Jahr 1995 herausgestellt. Als es um die Finanzierung der neuen Pflegeversicherung ging, gab die evangelische Kirche dem Druck der Bundesregierung zu schnell nach: Bundesarbeitsminister Norbert Blüm hatte Solidarität der Kirchen für die Schwachen eingefordert – es traf aber allein den traditionellen evangelischen Buß- und Bettag. Damit sollten die Kosten der Arbeitgeber für die Pflegeversicherung ausgeglichen werden, was angesichts der enorm gestiegenen Lohnzusatzkosten sicher ein wichtiger Gedanke war. Mit dem Buß- und Bettag wurde aber just ein Feiertag getroffen, der nicht nur Christen, sondern auch die gesamte Gesellschaft zur Besinnung ruft. Zum Nach- und Neudenken, was sich ja sprachlich hinter dem Wort »Buße« verbirgt. Genau aus diesem Grund wurden in Deutschland schon seit langem Buß- und Bettage begangen.

Für die Wiedereinführung des Buß- und Bettages

Ich halte daher an meinem Vorschlag fest, den Buß- und Bettag wieder einzuführen, auch wenn ich zugeben muss, dass das weit schwerer wird, als seinerzeit seine Abschaffung war. In diesem Fall können die Arbeitgeber verlangen, dass ihnen der Arbeitgeberanteil der Pflegeversicherung auf andere Weise erstattet wird. Nur theoretisch denkbar ist, dass die Arbeitnehmer die vollen Kosten der Pflegeversicherung übernehmen (wie das in Sachsen der Fall ist). Allerdings glaube ich nicht, dass eine solche nachträgliche Reduzierung der Nettolöhne auf die Zustimmung der Bürger in Bayern träfe, nicht einmal auf die Zustimmung der Mehrheit der evangelischen Bürger. Daher spreche ich mich für eine Länderöffnungsklausel im Pflegeversicherungsgesetz aus, damit die Kompensation beispielsweise durch die Reduzierung eines Urlaubstags oder durch acht oder neun Stunden Mehrarbeit ermöglicht wird. Ich bin dankbar, dass diese Initiative unter anderem vom katholischen Bamberger Erzbischof Ludwig Schick aufgegriffen worden ist, der vor der evangelischen Landessynode sagte: »Ich bin der festen Überzeugung: Wenn nicht unsere Kirche und wenn nicht unsere Gesellschaft vom roten Faden der Umkehr, der Buße, der Erneuerung und des Wiederbeginns durchzogen wird, dann werden wir keine versöhnte, gerechte und friedliche Gesellschaft haben können. Wir sind keine Heiligen und nicht im Himmel und der Urruf Jesu ›Kehrt um, glaubt an das Evangelium‹, der muss durch unsere Kirche und durch unsere Gesellschaft gehen. Wenn dazu die Wiedereinführung des Buß- und Bettages nützt und hilft, dann können Sie sicher sein, wir sind an Ihrer Seite.«

Klar ist: Für ein solches Projekt wie die Wiedereinführung des Buß- und Bettages als Feiertag braucht es den politischen Willen und politische Mehrheiten. Das gilt ganz generell: Auf Dauer wird in einer Demokratie der Schutz von Sonn- und Feiertagen nur zu halten sein, wenn die Menschen die Sonn- und Feiertage wertschätzen. Noch wird der Sonntag durch das Grundgesetz geschützt, noch entscheiden Bundesverfassungsrichter so, wie sie es im Fall Berlins getan haben. Wenn die Menschen in unserem Land aber auf Dauer das Einkaufen am Sonntag für wichtiger halten als die Sonntagsruhe, kann die Politik nur begrenzt dagegenhalten. Christen sind auch Konsumenten und sollten durch die Art, wo und wann sie einkaufen, ein Zeichen zum Schutz des Sonntags setzen. Das muss nicht heißen, dass man sich am Sonntag keine Semmeln mehr beim Bäcker kaufen kann, doch vielleicht würden's manchmal die aufgebackenen Semmeln auch tun – vor dem Besuch des Gottesdienstes.

4. Gebot

Du sollst deinen Vater und deine Mutter ehren,
auf dass du lange lebest in dem Lande, das dir der HERR,
dein Gott, geben wird.

In meiner Jugend wurde dieses Gebot meist vor allem so verstanden, dass Kinder ihren Eltern gehorsam sein sollen. Zumal Luther in seiner Auslegung des 4. Gebots betont, »dass wir unsere Eltern und Herren nicht verachten noch erzürnen, sondern sie in Ehren halten, ihnen dienen, gehorchen, sie lieb und wert haben.« Ich bin dankbar, dass ich in einer intakten Familie aufgewachsen bin, mit einer Mutter, die mir viel Wärme und Geborgenheit gegeben hat, mit einem Vater, der sehr treu sorgend war und sich intensiv um meine Ausbildung gekümmert hat. Gehorsam gehörte dazu, war aber nichts Erzwungenes. Meine Eltern waren nicht besonders fromm, aber auch nicht gegen die Kirche. So hatten sie gegen mein Engagement beim CVJM auch nichts einzuwenden. Mir ist bewusst, dass andere Kinder anderes erlebt haben, dass ihnen das Ehren der Eltern daher weit schwerer fällt. Allerdings weist der Religionspädagoge Siegfried Zimmer darauf hin, dass nicht die pädagogische Qualität der Eltern, sondern die Ehrwürdigkeit Gottes hinter dem 4. Gebot steht: »Die Parallele zwischen der Ehrfurcht Gott gegenüber und der Ehrfurcht den Eltern gegenüber (…) zeigt sich schon darin, dass das 4. Gebot das letzte Gebot auf der ersten Tafel ist: Es gehört also noch zum Verhältnis des Menschen zu Gott. Dahinter steht eine für uns heute schwer nachvollziehbare Grundüberzeugung: Eltern sind ein Stück weit die Stellvertreter Gottes auf Erden für die Kinder.«[8] Damit kommt ihnen eine große Autorität, aber auch eine große Verantwortung zu. Den

Kinderpflichten stehen nämlich auch Elternpflichten gegenüber. So heißt es bei Paulus nicht nur: »Ihr Kinder, seid gehorsam euren Eltern in dem Herrn; denn das ist recht«, sondern auch: »Ihr Väter, reizet eure Kinder nicht zum Zorn, sondern ziehet sie auf in der Zucht und Ermahnung zum Herrn« (Epheser 6, 1 und 4).

Noch höher als das Gebot, die Eltern zu ehren, steht das Gebot, Gott zu ehren. Nur so ist verständlich, wenn Jesus im Neuen Testament davon spricht, Vater und Mutter um des Reiches Gottes willen zu verlassen. Man denke an Martin Luther, der gegen den Willen seines Vaters ins Kloster ging. Oder an einen Franz von Assisi, der aus dem geordneten Leben einer Kaufmannsfamilie ausstieg, wo er doch das Geschäft des Vaters hätte übernehmen sollen.

Wenn man sich näher mit dem 4. Gebot beschäftigt, wird aber klar, dass hier vor allem die »alten« Eltern in den Blick genommen werden – Eltern, die sich nicht mehr selbst versorgen können und daher die Hilfe ihrer inzwischen erwachsenen Kinder benötigen. Siegfried Zimmer erläutert das so: »Das Gebot sichert die Versorgung der alt gewordenen Eltern aus dem erwirtschafteten Vermögen ihrer erwachsenen, (meist) männlichen Kinder.« Die Zehn Gebote bilden damit auch so etwas wie die Grundlage des Generationenvertrags, von dem wir heute oft reden: Die gegenseitige Achtung und Unterstützung der verschiedenen Generationen. Das ist aber nicht nur eine individuelle Aufgabe von Eltern, Großeltern und Kindern. Diese gegenseitige Achtung und Unterstützung zu fördern ist auch Sache der Politik.

Die »alten« Eltern ehren

Ich denke zunächst an den Umgang mit der älteren Generation. Viele erwachsene Kinder übernehmen Verantwortung für ihre pflegebedürftigen Eltern – was übrigens zeigt, dass auch hier »Familie« ist. Ich bin sehr froh, dass rund 70 bis 80 Prozent der Pflegebedürftigen heute zu Hause versorgt werden. Hierbei werden oft übermenschliche Leistungen vollbracht, die gar nicht hoch genug zu würdigen sind. Ohne Unterstützung von außen wären aber viele pflegende Angehörige zeitlich und kräftemäßig überfordert. »Einen alten Baum verpflanzt man nicht mehr«, sagt das Sprichwort. Es ist doch nur zu verstehen: Der Mensch möchte im Alter so lange wie möglich in seiner vertrauten Umgebung bleiben. Wie können wir den Pflegebedürftigen und ihren Angehörigen das ermöglichen? Die Antwort heißt: durch Hilfe von außen!

Deshalb sind die verschiedenen ambulanten Pflegedienste so wertvoll: die Angebote zur Tages- und Kurzpflege, die Mahlzeitendienste und andere Hilfseinrichtungen. Auch die Initiativen zum »Betreuten Wohnen zu Hause« orientieren sich am Wunsch der meisten alten Menschen, daheim zu bleiben. Solche Projekte fördern betreutes Wohnen daheim als Alternative zum betreuten Wohnen in fremden Einrichtungen. Professionelle und ehrenamtliche Hilfe gehen dabei Hand in Hand. Dank solcher Netzwerke können ältere Menschen heute viele Jahre länger in ihrer vertrauten häuslichen Umgebung bleiben als noch vor zwei Jahrzehnten – auch wenn sie keine Angehörigen haben, die sie versorgen. Wenn Seniorinnen und Senioren früher durchschnittlich mit 68 Jahren in ein Heim zogen, so tun sie das heute erst im Alter von 86 Jahren. Das sind 18 Jahre mehr Selbstständigkeit und Lebensqualität in der vertrauten Umgebung!

Natürlich gibt es auch ältere Menschen, die sich sehr bewusst für den Umzug ins Senioren- oder Pflegeheim entscheiden. Auch die Arbeit dort kann kaum genügend gewürdigt werden. Doch ich glaube: Priorität – auch für Politik und Wirtschaft – sollte die familiäre Unterstützung haben. Vor diesem Hintergrund hat die Große Koalition im Jahr 2007 einen Rechtsanspruch auf eine Pflegezeit von bis zu sechs Monaten durchgesetzt (bei Arbeitgebern mit mehr als 15 Mitarbeitern). Nach dieser unbezahlten Beurlaubung haben pflegende Mitarbeiter eine Rückkehrgarantie zu ihrem Arbeitgeber. Und wer sich kurzfristig um einen pflegebedürftigen Verwandten kümmern muss, um beispielsweise nach einem Schlaganfall ein geeignetes Heim zu finden, kann dafür bis zu zehn Tage freigestellt werden. Es ist richtig, dass Bundesfamilienministerin Kristina Schröder darauf noch aufbauen will. Auch zahlreiche Unternehmen haben erkannt, dass sie durch flexible Lösungen auf die Bedürfnisse ihrer Mitarbeiter eingehen müssen, die ihren Eltern bei Problemen im Alter zur Seite stehen wollen. Wenn häufig über die Vereinbarkeit von Familie und Beruf gesprochen wird, darf dieses Thema nicht vernachlässigt werden.

Wenn über die Bedeutung der älteren Generation gesprochen wird, erlaube ich mir als konservativ denkender Mensch auch auf die Bedeutung von Tradition hinzuweisen. Konservativ heißt, etwas nur dann zu ändern, wenn das Neue besser ist als das Bestehende. Was freilich Neues nicht verhindert, getreu dem Motto von Franz Josef Strauß, der sagte, konservativ sei, an der Spitze des echten Fortschritts zu marschieren, aber nicht jedem Modetrend hinterherzurennen. Der frühere Vorsitzende der katholischen Bischofskonferenz, der Mainzer Kardinal Karl Lehmann, hat Tradition einmal als eine Form von intergenerationeller Demokratie bezeichnet: Dadurch, dass wir auf die Tradition hören, geben wir unseren Vorfahren eine Stimme. Nicht in dem Sinn, dass das die einzige Stimme wäre, die heute zählen sollte. Aber doch in dem Sinn, dass wir das Wissen und die Erfahrungen unserer Vorfahren zu schätzen wissen und nicht meinen, wir allein hätten die Weisheit mit Löffeln gegessen. Dem entspricht umgekehrt die Pflicht der Elterngeneration, ihre Erfahrungen und ihr Wissen an die Kinder weiterzugeben, auch die ethischen Maßstäbe, die sie leiten. Denn auch nach der Bibel haben Eltern die Aufgabe, ihre Kinder in den Geboten Gottes zu unterweisen. Die Weitergabe des Glaubens von Generation zu Generation ist geradezu ein typisches Element für die biblische Überlieferung.

Erziehung ist zuerst Elternsache

Nach Ansicht des Soziologen Reimer Gronemeyer bedeutet das Miteinander der Generationen auf der einen Seite, »dass die Jüngeren die ›Ausgebrauchten‹ nicht als Entsorgungsfälle betrachten dürfen, weil sie sonst die Humanität ihrer Gesellschaft beschädigen.«⁹ Auf der anderen Seite, »dass die Älteren die Lebensmöglichkeiten der Nachkommen im Auge haben müssen – denn sonst sind sie nicht ehrenwert.« So möchte ich mich im Folgenden der Verantwortung der Eltern für ihre Kinder zuwenden. Ein chinesisches Sprichwort sagt: »Willst du für ein Jahr planen, säe Reis. Planst du für ein Jahrzehnt, pflanze Bäume. Planst du für ein Leben, erziehe einen Menschen.« Dieses zeitlos gültige Sprichwort drückt in sehr schöner, bildhafter Weise die hohe Bedeutung von Erziehung aus.

Eine gute Erziehung fängt mit dem Elternhaus an. Eltern tragen eine große Verantwortung. An erster Stelle sind sie es, die dem Kind das wichtige Gefühl des Angenommenseins geben können, aus dem ein Urvertrauen als Lebenshaltung erwächst. Sie vermitteln ihm ein grundlegendes Koordinatensystem und Wertegerüst. Sie sind an ihrem Kind in den entscheidenden Phasen seines Lebens am nächsten dran, noch bevor irgendjemand sonst Einfluss nehmen kann. Sie müssen ihm selbst ein Vorbild sein, denn gute Vorbilder sind prägender, als es ballernde Muskelpakete in Killerspielen jemals sein können. Die Eltern müssen das Gespür dafür haben, was gut für die Entwicklung ihres Kindes ist, was zu weit geht und was tolerabel ist. Wenn sie dieses Gespür nicht haben, müssen sie verantwortlich genug sein, sich Rat und Hilfe zu holen. Und an ihnen liegt es, die kindliche Neugier zu fördern; eine Neugier, die jedem Menschen als lebenslanger Begleiter dienen wird. All das benötigt Zeit – wahrscheinlich das wichtigste Geschenk, das Eltern ihren Kindern geben können. Ich weiß: Daran hat es bei mir sicher immer wieder gemangelt. Doch ich kann sagen, dass ich die wenige Zeit mit meinen drei Kindern immer intensiv genutzt und viele Gespräche mit ihnen geführt habe. Ich wünsche mir, dass alle Eltern sich dieser Verantwortung bewusst werden und sie auch leben. Manchmal scheint bei Erwachsenen eine regelrechte Scheu vor dieser anspruchsvollen, aber gleichzeitig sehr erfüllenden Aufgabe zu bestehen. Die Losung muss lauten: »Mut zur Erziehung«.

Dabei müssen wir uns ganz im Sinn der Verheißung des 4. Gebots sagen lassen, dass wir mit der Erziehung unserer Kinder die Grundlage für unsere eigene Zukunft und die Zukunft unseres Volkes leisten, denn die kommenden Generationen sind auch verantwortlich für die Politik »nach uns«. Der amerikanische Medienkritiker Neil Postman hat dies so ausgedrückt: »Kinder sind die lebenden Botschaften, die wir einer Zeit übermitteln, an der wir selbst nicht mehr teilhaben werden.«[10]

Kinder brauchen Zuwendung und Zeit

Leider lösen sich die traditionellen Familienstrukturen zunehmend auf. Kinder und Jugendliche sind deshalb immer öfter darauf angewiesen, außerhalb der Familie Geborgenheit, Rückhalt und Anerkennung zu finden. Dabei geht es nicht nur um arme oder bildungsferne Familien: Es gibt Kinder, deren Zimmer opulent ausgestattet sind, bis zur Decke vollgestopft mit Spielzeug, mit Fernseher, Computer und Videospielen, und denen doch das Wichtigste fehlt: Liebe und Zuneigung. Insbesondere Vereine, Verbände und Jugendorganisationen können deshalb für Kinder und Jugendliche eine unentbehrliche Hilfe und Unterstützung in schwierigen Lebenssituationen bieten. Ich denke an die guten Erfahrungen, die ich selbst im CVJM sammeln konnte: Wie wichtig ist die Herzensbildung, die Kinder hier oder in einer Gemeindejugend erfahren – wie wichtig auch im Verhältnis zu all den Kenntnissen, mit denen wir sie in der Schule vollstopfen. Ich fürchte, dass wir das beispielsweise in all den Diskussionen um die Verkürzung des Gymnasiums auf acht Jahre zu wenig bedacht haben – ich selbst ärgere mich heute, dass ich hier nicht deutlicher widersprochen habe und einer weiteren Verdichtung der Lehrpläne nicht entschiedener entgegengetreten bin.

Auch außerhäusliche Betreuungsangebote spielen in diesem Zusammenhang eine zunehmende Rolle. Es ist sicher richtig, dass man den Eltern, die dies wollen, mehr Möglichkeiten gibt, sich auch nach der Geburt von Kindern in ihrem erlernten Beruf zu engagieren oder ihr Studium bzw. ihre Ausbildung fortzusetzen – auch das gehört zur Kinderfreundlichkeit, die ich mir für unser Land wünsche. Junge Leute müssen die Sicherheit haben, dass ihre Kinder gut versorgt sind, wenn sie selbst in die Arbeit gehen müssen oder wollen.

Doch ich fürchte, dass wir in den letzten Jahren bei der Diskussion zu diesem Thema zu einseitig geworden sind. Dass wir gerade auch durch das Handeln der Politik aus dem Blick verloren haben, dass die Arbeit mit den Kindern zu Hause unschätzbar viel wert ist. Das müssen wir den jungen Eltern auch vermitteln, selbst wenn das für eine Zeit lang mit Einschränkungen verbunden ist. Für falsch halte ich, dass jetzt auch vonseiten der Unionsparteien der Druck kommt, dass Eltern schon nach dem ersten Jahr ihre Kinder in die Krippe geben – da hat sich durch die Zahlung des Elterngelds für 12 bzw. 14 Monate im Vergleich zum früheren Erziehungsgeld, das für zwei Jahre nach der Geburt gezahlt und in Bayern sogar noch um ein drittes Jahr aufgestockt wurde, gedanklich schon etwas geändert. Wir sollten umgekehrt den Eltern Mut machen, dass sie sich länger um ihre Kinder zu Hause kümmern: Gut erzogene Kinder, die familiäre Geborgenheit lange und intensiv erfahren haben, sind ein Segen für Familie und Gesellschaft.

Dank an die Großeltern
Wobei ich nicht sagen will, es sei zwingend notwendig, dass ein Elternteil auf Dauer zu Hause bleiben muss. Ich kenne viele Familien, in denen Vater und Mutter arbeiten, beide ihren Erziehungsaufgaben in vollem Umfang gerecht werden und ihren Kindern den Halt und den festen moralischen Rahmen geben, den sie brauchen. Großeltern spielen dabei oft eine wichtige Rolle, so wie es auch in meiner Familie der Fall war. Wir sollen nicht nur die Eltern und die Lehrer als Erziehungsfaktor sehen, sondern auch die Großeltern – und sie dafür loben. Auch meine Frau war mit einer nur kurzen Unterbrechung von zwei Jahren

berufstätig. Ich hatte sie gefragt, ob sie den Beruf aufgeben wolle. Sie hatte damals erklärt, dass ich ihr dafür versprechen müsse, abends immer pünktlich um 18 Uhr zuhause zu sein – was ich nicht konnte, auch nicht wegen meiner Ambitionen in der Politik. So hat uns dann die Oma bei der Erziehung unserer drei Kinder kräftig unterstützt, und auch von Nachbarschaftshilfen haben wir profitiert. Entscheidend war für uns jedoch, dass immer eine personale Beziehung vorhanden war.

Was ich aber entschieden ablehne, ist, dass Mütter – und in den meisten Fällen sind es die Mütter, die sich für die Arbeit zu Hause entscheiden – deshalb schief angesehen werden und sich dafür schon fast verteidigen müssen: Während man früher auf die angeblichen Rabenmütter schimpfte, wird nun über die »Heimchen am Herd« gelästert. In jungen Familien ist der Satz: »Wann arbeitest du wieder?« bereits zum Standardsatz geworden, als ob Familienarbeit keine Arbeit wäre. Das ist für meine Begriffe vollkommen falsch verstandene Emanzipation und Frauenpolitik. Zum Teil sogar Ideologie – ich erinnere an das Wort des früheren SPD-Generalsekretärs Olaf Scholz, der von der »Lufthoheit über den Kinderbetten« sprach. Die rot-grüne Bundesregierung warb damals für ihre Krippenpläne mit dem Spruch: »Kinder kriegen mehr Betreuung«. Sollte das heißen, dass nur außerhäuslich »Betreuung« möglich ist? Wie mussten sich da die Eltern fühlen, die auf dieses Mehr an (Fremd-)Betreuung verzichteten? Familien dürfen nicht bevormundet und nicht verstaatlicht werden.

Gegen das Gerede von der »Herdprämie«
Zuletzt hat sich die Problematik in der Debatte um das von der schwarz-gelben Koalition ab dem Jahr 2013 in Aussicht gestellte »Betreuungsgeld« gezeigt: Wer die Unterstützung für die ausschließliche Betreuung durch Vater oder Mutter mit dem Wort »Herdprämie« (das Unwort des Jahres 2007) verächtlich macht, bevormundet Millionen von Eltern. Sind uns diese Kinder denn weniger wert? Ein Kind in einer Betreuungseinrichtung wird mit

800 bis 1 000 Euro pro Monat gefördert. Bezahlt wird das auch von den Eltern, die ihre Kinder zu Hause erziehen und dafür bislang keine Leistung erhalten – das kann nicht sein. Übrigens unterstützen einer Umfrage des Instituts für neue soziale Antworten zufolge mehr als 60 Prozent der 18–29-Jährigen ein Betreuungsgeld von 150 Euro im Monat. Insgesamt halten 51 Prozent der Befragten das Betreuungsgeld für Eltern mit unter 3-jährigen Kindern für sehr gut oder gut.

Doch unabhängig von den demoskopischen Ergebnissen: Die Erziehung der Kinder darf uns nicht weniger wert sein als die Arbeit eines Erwerbstätigen. Damit würden wir uns vom christlichen Menschenbild endgültig verabschieden. Wir dürfen nicht zulassen, dass in unserer Wertigkeit eine bezahlte Arbeit über der mindestens ebenso wichtigen Arbeit zu Hause steht. In diesem Zusammenhang lohnt es sich, an Martin Luthers Berufsethos zu erinnern. Für den Reformator war klar: Der Beruf eines Menschen ist nicht nur ein Job, sondern hängt mit seiner Berufung von Gott zusammen. Luther ging es in seiner Zeit vorrangig darum zu zeigen, dass sich diese Berufung nicht nur in kirchlichen Diensten verwirklicht, sondern auch in »weltlichen« Berufen. Und zwar unabhängig von ihrer scheinbaren Bedeutung für die Gesellschaft. Das gelte für die Berufung der Stallmagd, so eins seiner Lieblingsbeispiele, genauso wie für die Berufung eines Fürsten. Heute müssen wir hinzufügen: »Der Einsatz der Eltern für ihre Kinder ist aus einer solchen Warte ebenso ein ›Beruf‹ wie das ehrenamtliche Wirken für die Nächsten« (Wolfgang Huber).[11] Ich meine, wir sollten uns klarmachen, dass Ehe und Familie von Gemeinsamkeit geprägt sind, dass die eine Art von (Erwerbs-)Arbeit auf der anderen Art von (Familien-)Arbeit aufbaut und dass beides zusammengehört. Und selbst wenn das altmodisch klingen mag: Wer erleben darf, wie Kinder das eigene Leben bereichern, sollte sich überlegen, wo er – um der Kinder willen – auf etwas verzichten kann. Auch für die Kinder ist es ja wichtig zu lernen, dass nicht alles machbar ist. Kinder, denen von ihren Eltern alle Wünsche erfüllt werden und die keine Grenzen gesetzt bekommen, werden zu den berühmten »Tyrannen«, vor denen Kinder- und Jugendpsychologen warnen.

Aufgaben der Wirtschaft

Bedenklich ist, dass Familienpolitik heute manchmal zu einem Instrument der Arbeitsmarktpolitik zu werden droht. In Wirtschaftsverbänden verweist man auf das »Beschäftigungspotenzial« von Frauen, das es auszubauen gelte. So forderte Arbeitgeberpräsident Dieter Hundt schon vor Jahren, die Elternzeit zu verkürzen – nur so könnten die Frauen so schnell wie möglich an ihren Arbeitsplatz zurückkehren, um den Anschluss nicht zu verpassen. Diese Argumente sind zu bedenken. Doch: Das Leitbild kann nicht die wirtschaftsfreundliche Familie sein, vielmehr muss das Leitbild der familienfreundliche Betrieb sein. Denn neben Eltern und Staat ist auch die Wirtschaft gefordert, für eine familienfreundliche Betriebsorganisation zu sorgen. »Kinderlärm ist Zukunftsmusik«, dieser Satz gilt auch und gerade im wirtschaftlichen Umfeld. Die Wirtschaft, die stark für den Ausbau von staatlichen Betreuungseinrichtungen wirbt, muss ihren Beitrag leisten, die Arbeitswelt kompatibler mit der Familienwelt zu machen, flexibler zu sein bei temporärem Berufsausstieg. Glücklicherweise erkennen immer mehr Unternehmen, dass eine erfolgreiche Personalpolitik die familiäre Situation der Mitarbeiterinnen und Mitarbeiter berücksichtigen muss. Work-Life-Balance ist für moderne Unternehmen zu einem wichtigen Erfolgs- und Wettbewerbsfaktor geworden. Man weiß inzwischen sehr genau, dass gute Kräfte durch Familienfreundlichkeit gewonnen und im Unternehmen gehalten werden können, dass zufriedene Eltern besser, motivierter, produktiver und konzentrierter arbeiten. Das bedeutet: Es muss auch Grenzen geben für die häufig erwartete Mobilität und Flexibilität, gerade Familienväter und -mütter brauchen in ihren Betrieben verlässliche und stabile Rahmenbedingungen.

Ich fand es bemerkenswert, dass Volvo in Schweden vor einigen Jahren eine Stellenanzeige für Führungskräfte mit dem Zusatz »Erziehungserfahrungen unbedingt erwünscht« geschaltet hat. Und das, wie ich denke, aus klaren Überlegungen heraus: Denn Mütter und Väter erwerben durch ihre Erziehungsarbeit wichtige organisatorische und soziale Kompetenzen. Sie sind Weltmeister, wenn es darum geht, Verantwortung zu übernehmen und Tag für Tag mit einer Vielzahl von Aufgaben, Terminen und Herausforderungen zu jonglieren. Väter und Mütter praktizieren Jobrotation und Multitasking quasi im Stundenrhythmus. Aber auch Lern- und Leistungsbereitschaft, Belastbarkeit sowie Konfliktfähigkeit gehören zu ihren Spezialgebieten. Das hauseigene »Unternehmen Familie« ist in diesem Sinne das beste Managementseminar der Welt. Dass Chefs und Arbeitgeber zunehmend umdenken und Eltern bei der Vereinbarkeit von Familie und Beruf unterstützen, ist eine gute Entwicklung. Die Erfahrungen in den Unternehmen mit flexiblen Arbeitsmodellen und betriebseigenen Kindertagesstätten sind durchweg positiv.

Demografie und Generationengerechtigkeit

Wenn wir über das im 4. Gebot angesprochene Thema des Generationenvertrags nachdenken, sollten wir uns auch Gedanken über die demografische Entwicklung machen. Von Konrad Adenauer stammt das klassische Wort: »Kinder kriegen die Leute immer«. Niemand hätte sich vor einem halben Jahrhundert träumen lassen, dass sich diese Aussage einmal als unzutreffend erweisen könnte. Kinder zu bekommen gehört heute nicht mehr selbstverständlich zum Lebensprogramm. Führen wir uns die Zahlen der vergangenen Jahrzehnte zur Bevölkerungsstruktur und die Prognosen für die nächsten Jahrzehnte vor Augen:

Ab 1964 setzte in der Bundesrepublik Deutschland ein drastischer Geburtenrückgang ein. 1964 lag die durchschnittliche Kinderzahl pro Frau in Deutschland noch bei 2,54. Bis 1975 sank diese Zahl auf durchschnittlich 1,4 Kinder. Seither hat sie sich auf diesem sehr niedrigen Niveau stabilisiert. Mit nur 1,4 Kindern (zuletzt 1,36) je Frau bleibt aber der Nachwuchs ein ganzes Drittel unterhalb der Stärke der Elterngeneration. Über 30 Jahre hinweg hat es nur noch geburtenschwache Jahrgänge gegeben. Seit 1972 ist in Deutschland die Zahl der Geburten niedriger als die der Sterbefälle. Die geburtenschwachen Jahrgänge sind bereits in einem Alter, in dem sie die Elternrolle übernehmen sollten. Nichts deutet darauf hin, dass sie mehr Kinder haben werden. Damit müssen wir bei gleicher Geburtenhäufigkeit mit noch schwächeren Jahrgängen an Neugeborenen rechnen. Innerhalb Europas ist Deutschland mit seinen niedrigen Geburtenraten sogar Schlusslicht: Nach Angaben des EU-Statistikamtes Eurostat kamen im Jahr 2009 in Deutschland 7,9 Geburten auf 1 000 Einwohner; 2008 waren es noch 8,3 Geburten auf 1 000 Einwohner. Der europäische Schnitt liegt bei 10,7. Die höchsten Raten haben Irland (16,8), Großbritannien (12,8) und Frankreich (12,7).

Die Zahl potenzieller Eltern ist durch den Geburtenrückgang in den vergangenen Jahrzehnten ständig gesunken. Damit ist nun der Rückgang der Bevölkerung in Deutschland auch bei einer konstanten und sogar zunehmenden Geburtenrate unvermeidlich. Der Geburtenrückgang und die immer weiter gestiegene Lebenserwartung haben dazu geführt, dass die Bevölkerungspyramide in Deutschland von der Basis her geschrumpft ist. Das Durchschnittsalter ist in Westdeutschland von 1960 bis 1999 von 36 auf 41 Jahre angestiegen, der Anteil der höheren Altersgruppen ist immer größer geworden. Nach den Berechnungen wird Deutschland bis zum Jahr 2050 zu den ältesten Gesellschaften der Welt zählen. Bildlich dargestellt ist aus der klassischen Bevölkerungspyramide schon jetzt eine »zerzauste Tanne« geworden. Bis 2050 wird die Bevölkerungsstruktur wie ein Pilz mit einem gefährlich schlanken Stiel aussehen.

Positiv daran ist: Wir werden älter. Ein Mädchen, das im Jahr 2010 geboren wurde, kann laut einer Studie von Wissenschaftlern der Universität Köln mit einer durchschnittlichen Lebenserwartung von 92,7 Jahren rechnen, bei Jungen liegt die Prognose bei 87,6 Jahren. Als Gründe führen die Wissenschaftler den medizinischen Fortschritt, veränderte Lebensweisen und den Ausbau von Präventionsmaßnahmen an. Was für ein Gewinn an Lebenszeit und Lebensqualität! Es besteht eine enorme Chance darin, dass Menschen nach dem Erwerbsleben noch vieles verwirklichen können, zu dem sie zuvor keine Möglichkeit hatten. Dazu kommt – ganz im Sinne des Miteinanders der Generationen – die Hilfe für Enkel. Oder man denke an das vielfältige ehrenamtliche Engagement von Senioren: Aktiv-Senioren, die junge Unternehmer beraten, Lese-Omas, die zusammen mit Grundschülern lesen üben, und vieles mehr. Senioren sind auch als Konsumenten wichtig, besonders für den Kulturbetrieb und den inländischen Tourismus. Es ist wichtig, diese Chancen zu bedenken, ohne die Probleme, die mit den demografischen Veränderungen verbunden sind, auszublenden. Wenn heute beispielsweise in Bayern rund 2,3 Millionen Menschen im Alter über 65 Jahren leben, werden im Jahr 2050 rund 3,5 Millionen Menschen in diesem Alter sein – also jeder vierte Einwohner.

Zu der Verschiebung der Alterspyramide kommen Veränderungen in der Bevölkerungsstruktur von Stadt und Land: Es ist zu vermuten, dass Jüngere vom Land wegziehen, weil sie attraktivere Arbeitsangebote in den Städten wahrnehmen. Damit wird die Zahl der Kinder auf dem Land weiter abnehmen, was wiederum Folgen für das Arbeitsangebot hat. Die Alterung der Bevölkerung könnte zudem in der Politik eine Tendenz zur Beharrung hervorrufen: Ältere dürften allein durch ihre Zahl und übrigens auch ihre überdurchschnittliche Wahlbeteiligung die Politik stärker prägen und sich gegen Belastungen, zum Beispiel bei der Höhe der Renten, mit dem Stimmzettel wehren. Strukturreformen können dadurch schwieriger werden. Jüngere wiederum könnten versuchen, sich zusätzlichen Belastungen durch Auswanderung zu entziehen. Damit soll kein Horrorszenario entworfen werden, aber wir müssen uns bewusst machen, dass der demografische Wandel Folgen für unsere Gesellschaft hat, mit denen wir uns heute bereits auseinandersetzen müssen. »Ein guter Teil der innenpolitischen Debatten ist schon längst nur noch Reaktion auf die demografische Schieflage. Arbeitskräftemangel, Einwanderung, Bildungsmisere, Steuer- und Sozialpolitik – ohne den Problemdruck der rasch überalternden Bevölkerung hätten alle diese Diskussionen ein ganz anderes Gesicht«, diagnostizierte schon vor Jahren der Bundesverfassungsrichter Udo di Fabio.

Am unmittelbarsten wirkt sich die Bevölkerungsentwicklung auf die Systeme der sozialen Sicherung aus, vor allem auf die gesetzliche Rentenversicherung. Da hier laufende Beitragseinnahmen unmittelbar zur Finanzierung der Rentenzahlungen verwendet werden, hängt das Niveau der sozialen Sicherung wesentlich vom Verhältnis der Beitragszahler zu den Leistungsempfängern ab. Die Zahl der Erwerbspersonen geht aber auf lange Sicht zurück; qualifizierte Arbeitskräfte werden weniger. Zurückgehende Geburtenzahlen wirken sich auch auf die Wachstumsdynamik der Wirtschaft aus. Betroffen sind z. B. das Investitionsklima, die inländische Nachfrage oder die Infrastruktur. Die Analysten der Deutschen Bank prognostizierten in einer Studie aus dem Jahr 2003 eine dauerhafte Schwächung des Wachstumspotenzials um jährlich etwa ein Prozent.

Die Politik kann vor diesen Veränderungen nicht die Augen verschließen – nicht nur aus ökonomischen Gründen, sondern auch aus Gründen der Fairness und Gerechtigkeit. Es geht nicht an, dass wir Älteren den Jüngeren unsere Probleme hinterlassen. Einen solchen Satz würde wahrscheinlich jeder unterschreiben, doch wenn's konkret wird, beginnen die Probleme. Nehmen wir das Beispiel der Rentenversicherung. Eigentlich sollte der gesunde Menschenverstand reichen, um zu erkennen, dass es unmöglich ist, dass immer weniger Erwerbstätige bei konstanten Bedingungen immer mehr Rentner finanzieren. Mit 30 Jahren in den Beruf, bis 60 in der Arbeit, bis 90 im Ruhestand – das funktioniert in einem umlagefinanzierten Rentensystem (das durchaus seine Vorteile hat) mathematisch einfach nicht. Es gibt nur drei Stellschrauben, an denen die Politik drehen kann: Entweder man verlängert die Zeit der Erwerbstätigkeit (kürzere Ausbildung, mehr Erwerbschancen für Frauen, späterer Eintritt in den Ruhestand) oder man erhöht die Beiträge zur Sozialversicherung oder man senkt die Rentenzahlungen. Die Politik hat in den vergangenen Jahren versucht, mit einem Mix aus diesen Maßnahmen (kürzere Schul- und Ausbildungszeiten, Rente mit 67) die gesetzliche Rentenversicherung zu stabilisieren. Selbst die Regierung Schröder musste sich, nachdem sie zunächst entsprechende Reformen der Kohl-Regierung zurückgenommen hatte, der Realität dieses mathematischen Dreisatzes beugen. Ich verstehe wirklich nicht, wie zum Teil heute noch gegen diese Maßnahmen polemisiert wird – nichts zu tun wäre verantwortungslos gewesen.

Ich bekenne mich jedenfalls klar zur Rente mit 67 und zur Einbeziehung Älterer ins Arbeitsleben. In meiner Zeit als Innenminister habe ich erreicht, dass Beamte im Polizeivollzugsdienst über die dort geltende Altersgrenze von 60 Jahren hinaus freiwillig länger Dienst tun können. Dagegen gab es massive Widerstände aus den Gewerkschaften, die um Aufstiegschancen für junge Beamte fürchteten. Doch wir fanden einen Kompromiss in der Art, dass ein Teil des Geldes, das der Staat durch die spätere Pensionierung sparte, jungen Beamten zugutekommen sollte. Gleichzeitig ist es notwendig, dass junge Menschen früher in den Beruf kommen: Deshalb ist die Verkürzung der Ausbildungszeiten im Grundsatz genauso richtig wie die von Bundesverteidigungsminister Karl-Theodor zu Guttenberg angestoßene Aussetzung der Wehrpflicht, die heute einfach nicht mehr zeitgemäß ist.

Wie uns die Staatsverschuldung belastet
Man muss wissen: Hinter der umlagefinanzierten Rentenversicherung steckt ebenso wie hinter der Beamtenversorgung eine implizite Form der Staatsverschuldung: Genauso wie Kredite müssen die heute zugesagten Ansprüche auf Renten- und Pensionszahlungen (denen im Prinzip Eigentumscharakter zukommt) aus

künftigen Steuereinnahmen bzw. Sozialversicherungsbeiträgen finanziert werden. Die Alternative wäre, bereits heute Geld zur Seite zu legen, womit einige Bundesländer (darunter Bayern) in weiser Voraussicht begonnen haben – was freilich im Gegenzug den finanziellen Spielraum heute einschränkt. Wollte der Staat jetzt schon ernsthaft Vorsorge bis zum Jahr 2050 treffen, müsste er einer aktuellen Studie der Hans-Böckler-Stiftung zufolge heute rund 970 Milliarden Euro zurücklegen – zum Vergleich: Der Entwurf für den Bundeshaushalt 2011 sieht Ausgaben von gut 300 Milliarden Euro vor. Ein Vorbild stellt hier die evangelische Landeskirche in Bayern dar: Dank der vorausschauenden Politik von Finanzreferent Claus Meier sind die künftigen Pensionsansprüche bereits heute weitgehend gedeckt.

Besonders deutlich wurde das Problem der künftigen Pensionszahlungen auch, als das Bundesland Hessen 2009 in Anlehnung an Wirtschaftsunternehmen eine Bilanz aufstellte. Aus der Aufstellung sämtlicher Vermögenswerte und sämtlicher Schulden des Landes ergab sich ein sattes Defizit von fast 59 Milliarden Euro – was bei einem Unternehmen die sofortige Insolvenz zur Folge hätte. Größter Posten auf der Soll-Seite: die künftigen Pensionsausgaben.

Insgesamt lässt sich sagen, dass die Höhe der impliziten Staatsverschuldung die der offiziellen Staatsverschuldung (in Höhe von rund 1 800 Milliarden Euro im Jahr 2010) längst überschreitet. Es ist zwar schwierig, genaue Beträge zu errechnen, Experten schätzen sie aber auf mindestens 170 Prozent des Bruttoinlandsprodukts, während die explizite Staatsverschuldung »lediglich« bei rund 73 Prozent liegt. Bundesbankpräsident Axel Weber hat uns bei einem Besuch im bayerischen Kabinett die Zahlen vorgestellt und darauf hingewiesen, dass die Verschuldung Deutschlands – rechnet man die impliziten Staatsschulden hinzu – die Verschuldung Argentiniens übersteigt. Und Argentinien hat erst vor wenigen Jahren eine Staatspleite hinter sich gebracht ...

Die besondere Problematik der Staatsverschuldung in Deutschland hängt wiederum mit der demografischen Entwicklung zusammen: Immer mehr Schulden müssen von einer schrumpfenden und alternden Bevölkerung bedient werden. Schulden sind – das wissen wir aus der Wirtschaft – so lange kein Problem, wie der erwartete Ertrag einer kreditfinanzierten Investition höher ist als die zu zahlenden Zinsen. Wenn also ein Unternehmen 5 Prozent Zinsen an die Bank zahlt, aber eine Rendite von 10 Prozent erzielt, macht es immer noch Gewinn. Auf den Staat übertragen bedeutet das: Liegt das Wachstum der Wirtschaft über dem Zinssatz, den der Finanzminister zu zahlen hat, können die Zinsen aus den steigenden Steuereinnahmen finanziert werden. Doch gerade das ist nicht gesichert. Und die Sorgen um die Kreditwürdigkeit einiger südeuropäischer Länder zeigen, dass wir mit dem Thema Staatsverschuldung nicht nachlässig umgehen können. Zumal der Anteil der Zinszahlungen in vielen Staatshaushalten inzwischen solche Größen angenommen hat, dass die Handlungsfähigkeit der Staaten deutlich eingeschränkt ist.

Wie gesagt: Es ist ein Gebot der ökonomischen Vernunft, aber auch der Generationengerechtigkeit, hier gegenzusteuern, zumal wir unseren Kindern auch im Bereich der Umwelt einiges an Lasten vererben. Dazu gehören Einsparungen, so schwer das im Einzelnen fällt. Selbst gut gemeinte Sozialleistungen dürfen nicht auf Kosten künftiger Generationen gehen. Es kann eben nicht sein, dass wir den Kindern, Enkeln und Urenkeln Finanzierungslasten aufbürden, die nur dadurch entstehen, dass wir heute ein Wohlstandsniveau genießen, das wir nicht selbst erwirtschaften. Wir müssen auch über weitere Reformen an den Sozialversicherungen nachdenken. Derzeit ist es beispielsweise so, dass jedes geborene Kind der Rentenversicherung netto 90 000 Euro »bringt«, wie eine Untersuchung des Ifo-Instituts ergeben hat. Das bedeutet, dass Eltern dem System einen Vorteil bringen, von dem sie – rein monetär gesehen – zunächst nichts haben. Sollte hier nicht für einen Ausgleich gesorgt werden? Zu denken wäre entweder an eine stärkere Berücksichtigung von Kindern beim Rentenanspruch der Eltern oder an einen niedrigeren Beitragssatz im Vergleich zu Kinderlosen, wie das seit 2005 nach einem entsprechenden Urteil des Bundesverfassungsgerichts bei der Pflegeversicherung der Fall ist. Mir ist bewusst, dass sich dadurch auch Menschen bestraft fühlen, die unfreiwillig kinderlos sind; Menschen, die vielleicht schon viele Versuche unternommen haben, ihre ungewollte Kinderlosigkeit zu überwinden. Auch diejenigen, die sich als Kinderlose für Kinder engagieren, ob als Babysitter bei ihren Nachbarn oder als Trainer in der Jugendmannschaft vom Fußballverein. Dennoch ist es objektiv so, dass unsere umlagefinanzierten Sozialversicherungssysteme davon leben, dass es Kinder gibt. Familien mit Kindern müssen deshalb besser gestellt werden als Menschen ohne Kinder. Das ist zudem eine Möglichkeit, um das demografische Problem anzugehen. Denn selbstverständlich spielen ökonomische Argumente bei der Entscheidung, Kinder zu bekommen, auch eine Rolle. Meinhard Miegel schreibt dazu: »Nüchtern betrachtet ist die niedrige Geburtenrate (…) darauf zurückzuführen, dass Kinder in wohlstands- und erwerbsarbeitsorientierten, kollektiv rundum abgesicherten und hochgradig individualistischen Gesellschaften oft weniger attraktiv sind als andere Lebensoptionen. (…) Die Investition in Kinder rentiert sich allenfalls noch emotional. Der wirtschaftliche Aufwand, den sie erfordern, wird gegenüber den Eltern nur selten zum Ausgleich gebracht. Ihre Wirtschaftskraft ist fast vollständig vergemeinschaftet. (…) Mitunter mag die Entscheidung zwischen den Optionen konfliktträchtig und schwierig sein. Die Lebenswirklichkeit zeigt jedoch, dass sie nicht mehr mit einer gewissen Selbstverständlichkeit zugunsten von Kindern fällt.«[12] Mag sein, dass diese nüchterne Beschreibung zutrifft. Dann aber müssen wir dem entgegensteuern und die strukturelle Benachteiligung von Familien mit Kindern im Sozialversicherungsrecht beenden.

Entgegen mancher Stimmen, die im Zusammenhang mit der Diskussion um das Zuwanderungsgesetz zu hören waren, sollten wir uns darüber im Klaren sein, dass wir dieses Problem nicht mit Zuwanderung bewältigen können. Da auch Zuwanderer altern, müssten immer wieder neue und größere Einwanderungsströme integriert werden. Die Auswirkungen einer gesteigerten Zuwanderung auf den sozialen Frieden wären nicht mehr beherrschbar. Eine Ausweitung der Zuwanderung birgt gesellschaftspolitisch und kulturell erhebliche Risiken. Die Integrationsfähigkeit geht verloren, wenn die Mehrheitsbevölkerung in bestimmten Regionen und Altersgruppen in die Minderheit gerät. Diese Gefahr besteht etwa in großen Städten wie Berlin, Frankfurt/Main, Hamburg oder auch München. Schon bei einer durchschnittlichen jährlichen Nettozuwanderung von 200 000 Ausländern (wie im bisherigen langjährigen Durchschnitt in Deutschland) würde dort der Ausländeranteil nach den Berechnungen des Bevölkerungswissenschaftlers Rainer Münz von der Humboldt-Universität Berlin bis zum Jahre 2050 auf über 45 Prozent steigen. Dabei ist zusätzlich zu beachten, dass in jüngeren Altersgruppen der Ausländeranteil noch deutlich höher wäre. Dies würde sich vor allem in Kindergärten, Schulen und bei Berufsanfängern bemerkbar machen. Doch bereits heute haben wir gerade in Ballungszentren große Probleme, Kindern aus Migrantenfamilien die Chancen zukommen zu lassen, die sie für eine erfolgreiche Integration brauchen.

Kinder sind ein Segen

Eine aktive Familienpolitik kann, wie die Beispiele in Frankreich und den skandinavischen Ländern zeigen, dazu beitragen, dass mehr Menschen wieder Ja zu Kindern sagen. Dazu brauchen wir vor allem eine bessere Vereinbarkeit von Beruf und Familie und mehr Kinder- und Familienfreundlichkeit in unserer Gesellschaft. Der Soziologe Franz-Xaver Kaufmann hat von einer »strukturellen Rücksichtslosigkeit« unserer Gesellschaft gegenüber den Familien gesprochen. Alle müssen sich ihrer Verantwortung für Familien bewusst werden: Der Arbeitgeber, der in seiner Organisation die Bedürfnisse von Eltern berücksichtigt, ebenso wie der Kollege, der auf die Bedürfnisse einer Kollegin mit Kindern Rücksicht nimmt. Selbstverständlich darf – ich habe schon darauf hingewiesen – die

Arbeit der Frauen, die ihre Kinder selbst betreuen, nicht abgewertet werden. Die Sorge für Kinder ist von unschätzbarem Wert. Auch die Politik sollte die ideellen Werte der Familie wieder ins Zentrum rücken, um jungen Menschen Mut zu machen, ihren Kinderwunsch zu verwirklichen. Denn auch das muss immer wieder betont werden: So wichtig Kinder für das Funktionieren unserer Sozialversicherungssysteme sind, in erster Linie sind sie etwas ganz anderes: Sie sind ein Geschenk Gottes und ein ganz entscheidender Glücksfaktor im Leben. Wir sollten, auch in den Kirchen, nicht immer nur von den Belastungen sprechen, die mit Kindern verbunden sind, sondern von dem Gewinn an Lebensqualität. Kinder, so hat es der frühere Bundespräsident Horst Köhler bei einer Rede in der Evangelischen Akademie Tutzing gesagt, »bringen Freude und Spannung ins Leben. Sie lassen uns das Heute neu entdecken und verbinden uns mit dem Morgen. Kinder bekommen, Kinder aufwachsen sehen – das ist Leben wie das Altwerden und Abschiednehmen. Kinder sind deshalb eigentlich selbstverständlich. Ohne sie haben wir, hat unser Land keine Zukunft.« Eine rein ökonomische Betrachtungsweise – so wichtig ökonomische Argumente sind – greift zu kurz. So hat sich auch gezeigt, dass all die Maßnahmen der vergangenen Jahre, von der Einführung des Elterngelds über zusätzliche Krippenangebote bis hin zur Kindergelderhöhung, den Trend zu weniger Kindern nicht stoppen konnten. Vielleicht muss immer wieder neu daran erinnert werden: Kinder sind ein Segen Gottes.

5. Gebot

Du sollst nicht töten.

Dieses Gebot hört sich zunächst völlig klar und eindeutig an. Leben ist kostbar, es darf nicht einfach aufs Spiel gesetzt werden. Schwierig wird es aber, wenn man sieht, dass im Alten Testament häufig vom

Töten die Rede ist, von Kriegen, in die das Volk Israel geführt wird, auch von der Todesstrafe, die in dieser Zeit noch normal war. Nun: Theologen erklären, dass dieses Gebot vielleicht besser mit dem Ausdruck »Du sollst nicht morden« übersetzt werden sollte. Es geht um das Verbot eines gesetzlosen Tötens, um Selbstjustiz. In diesem Sinn trifft das Gebot nicht den Soldaten, der in den Krieg geschickt wird, oder den staatlichen Ordnungshüter. Denn manchmal steht, so schlimm das ist, Leben gegen Leben: Dann muss gewissermaßen gegen das 5. Gebot verstoßen werden, um es einzuhalten. Ich denke an den Fall eines Polizisten, der einen Terroristen tötet, bevor dieser einen Anschlag auf das Leben vieler Hundert Menschen durchführen kann. Das ist auch Martin Luther wichtig, der das scheinbar so martialische Auftreten staatlicher Gewalt in seiner Schrift »Ob Kriegsleute auch in seligem Stande sein können« mit folgenden Worten verteidigt: »Was ist Krieg anders denn Unrecht und Böses strafen? Ob's nun wohl nicht scheinet, dass Würgen und Rauben ein Werk der Liebe ist, derhalben ein Einfältiger denkt, es sei nicht ein christlich Werk, zieme auch einem Christen nicht zu tun, so ist's doch in der Wahrheit auch ein Werk der Liebe. Denn gleich wie ein guter Arzt, wenn die Seuche so böse und groß ist, dass er muss Hand, Füße oder Augen lassen abhauen oder verderben, auf dass er den Leib errette. So man ansiehet das Glied, das er abhauet, scheint es, er sei ein gräulicher, unbarmherziger Mensch. So man aber den Leib ansieht, den er will damit erretten, so findet sich's in der Wahrheit, dass er ein trefflicher treuer Mensch ist und ein gut christlich (...) Werk tut. Also, auch wenn ich dem Kriegsamt zusehe, wie es die Bösen straft, die Unrechten würgt und solchen Jammer anrichtet, scheint es gar ein unchristlich Werk zu sein und (...) wider die christliche Liebe. Sehe ich aber an, wie es die Frommen schützt, Weib und Kind, Haus und Hof, Gut und Ehre und Friede damit erhält und bewahrt, so findet sich's, wie köstlich und göttlich das Werk ist. (...) Denn wo das Schwert nicht wäre und Frieden hielte, so müsste es alles durch Unfriede verderben. (...) Derhalben ist ein solcher Krieg nichts anderes, denn ein kleiner

Unfriede, der einem ewigen unermesslichen Unfrieden wehrt. Ein kleines Unglück, das einem großen Unglück wehret.«

Zunächst einmal: Wie dankbar können wir sein, dass wir in Deutschland bereits seit mehr als 60 Jahren in Frieden leben! Ich selbst bin Jahrgang 1943. In diesem Jahr rief Joseph Goebbels in seiner berühmt-berüchtigten Sportpalastrede zum Totalen Krieg auf. Im Warschauer Ghetto brach jener Aufstand aus, der Zehntausende Menschen das Leben kostete. Ich weiß das nur aus den Geschichtsbüchern, den Krieg habe ich nicht bewusst erlebt. Aber ich bin mit den Trümmerhaufen aufgewachsen, die er hinterlassen hat. Ich habe die tiefen physischen und psychischen Verletzungen gesehen und gespürt, die er verursacht hat. Als ich im Frühjahr 1962 das Abitur ablegte, war der Eiserne Vorhang durch den Bau der Berliner Mauer noch etwas eiserner geworden als ohnehin schon. Und die Beziehung zwischen Ost und West noch deutlich eisiger: Im Oktober 1961 waren am Checkpoint Charlie sowjetische und amerikanische Panzer aufgefahren, nachdem DDR-Grenzsoldaten Westalliierte daran gehindert hatten, den sowjetischen Sektor zu betreten. 1988, als ich zum ersten Mal Mitglied eines Bayerischen Kabinetts war, wurde an der Berliner Mauer noch immer unvermindert scharf geschossen wie schon 27 Jahre zuvor – auf Menschen, auf Deutsche, auf Europäer.

Wie dankbar können wir für die Veränderungen sein, die wir erlebt haben. Für die Generation unserer Eltern waren Frieden und politische Stabilität keineswegs selbstverständlich. Als mein Vater auf seine alten Tage einmal mitbekam, dass unsere Tochter Ruth nach Frankreich reisen wollte, rief er ganz aufgeregt bei mir an (just während einer Besprechung mit dem damaligen Ministerpräsidenten Edmund Stoiber): In welche Gefahr sich unsere Tochter denn begebe, und ob ich nichts dagegen unternehmen wolle, dass sie zum »Erbfeind« fahren wolle … Man erkennt: So lange ist das noch gar nicht her. Wie gut, dass Europa aus den Erfahrungen der Geschichte gelernt hat und sich verantwortliche Politiker wie Konrad Adenauer, Robert Schuman, Charles de Gaulle und Alcide de Gasperi die Hand zum Frieden gereicht haben. Was heute selbstverständlich klingt, war damals eine große Vision: weg von einem nationalstaatlichen System hin zu einem Europa der Vaterländer.

»Krieg soll nach Gottes Willen nicht sein!«

Doch leider ist die ganze Welt nicht so friedlich, wie wir uns das wünschen würden. Man muss nur an Länder wie Afghanistan und den Irak denken, an Bürgerkriege und terroristische Anschläge. Keine Frage: »Krieg soll nach Gottes Willen nicht sein«, wie der Ökumenische Rat der Kirchen (ÖRK) bei seiner Gründung 1948 deklariert hat. Die Kirchenvertreter standen vor dem Eindruck des millionenfachen Leids, das der Zweite Weltkrieg über die Völker gebracht hatte. Doch auch Unterdrückung und Gewalt sollen nach Gottes Willen nicht sein. Es kann daher Situationen geben, in denen militärisches Eingreifen die bessere Alternative ist als stillschweigend zuzusehen, wie Menschen abgeschlachtet werden – ich denke an Srebrenica oder Ruanda. Daher sollte man auch daran erinnern, dass der ÖRK in seiner Erklärung aus dem Jahr 1948 neben dem genannten Satz festgestellt hat, dass noch kein wirksames System gefunden worden ist, um politische Veränderungen ausschließlich auf friedlichem Wege durchzusetzen. Das gilt auch noch heute. So hat US-Präsident Barack Obama 2009 bei der Verleihung des Friedensnobelpreises ausgeführt: »Ich sehe die Welt wie sie ist, und ich kann die Augen nicht vor den Bedrohungen für das amerikanische Volk verschließen. Es steht fest: Das Böse existiert in der Welt. Eine gewaltfreie Bewegung hätte Hitlers Truppen nicht aufhalten können. Verhandlungen können die Anführer der Al-Qaida nicht dazu bringen, ihre Waffen niederzulegen. Zu sagen, dass der Einsatz des Militärs manchmal nötig ist, ist kein Aufruf zum Zynismus. Es ist die Wahrnehmung der Geschichte, der Unzulänglichkeit der Menschen und der Begrenztheit der Vernunft.«

Von der Unzulänglichkeit der Menschen und der Begrenztheit unserer Vernunft spricht auch die Bibel. So sehr wir nach dem

Frieden trachten sollen, so sehr Jesus diejenigen seligpreist, die Frieden stiften, so sehr wird auch deutlich, dass der wahre Friede ein Geschenk Gottes ist. »Menschliche Macht und menschliches Geschick können den Frieden Gottes nicht schaffen, weder in der Welt noch im Staat, noch in der Familie oder im eigenen Herzen« (Hansjörg Hemminger).[13] Das Problem von Krieg und Gewalt reicht nämlich tiefer. Man muss nur lesen, was Jesus zu dem 5. Gebot sagt: »Ihr habt gehört, dass zu den Alten gesagt ist: ›Du sollst nicht töten. Wer aber tötet, der soll des Gerichts schuldig sein.‹ Ich aber sage euch: Wer mit seinem Bruder zürnt, der ist des Gerichts schuldig. Wer aber zu seinem Bruder sagt ›Du Nichtsnutz‹, der ist des Hohen Rats schuldig, wer aber sagt ›Du gottloser Narr‹, der ist des höllischen Feuers schuldig« (Matthäus 5,21-22). Töten, so verstehe ich dieses Wort, beginnt bereits im Herzen. Also dort, wo wir gute Gedanken entwickeln können, aber auch böse Gedanken. Im persönlichen Bereich wie im gesellschaftlichen. Es ist ziemlich ernüchternd, wenn man sich mit historischen und zeitgenössischen Beispielen vor Augen führt, zu welchen Grausamkeiten Menschen in der Lage sind.

Mit Martin Luther bin ich daher der Meinung, dass militärischer Schutz dem Erhalt der weltlichen Ordnung dient, auch wenn das theologisch gesehen nur eine »Notordnung« ist. Ich kann daher nicht nachvollziehen, wenn der Zivildienst als das »deutlichere christliche Zeugnis« bezeichnet wird, wie das im Raum der EKD immer wieder geschehen ist. Damit wird aus meiner Sicht der Dienst von Christen in der Bundeswehr herabgewürdigt. Als sehr problematisch empfand ich auch zahlreiche kirchliche Äußerungen während der Debatte um den NATO-Doppelbeschluss Anfang der 1980er-Jahre: Ob die NATO den neuen russischen Mittelstreckenraketen vom Typ SS20 ebenso neue eigene Raketen entgegenstellen solle oder dürfe. Damals haben viele evangelische Pfarrer zu dieser Frage sehr einseitig Position bezogen und das nicht nur als Bürger, sondern ganz explizit als Geistliche. Mit dieser Parteinahme war ich recht unglücklich und bin es noch. Das lag natürlich auf einer rein politischen Ebene ganz einfach daran, dass ich die Logik der Abschreckung für ein tragfähiges Fundament der rationalen Friedenssicherung hielt, was sich bei einem Gegenüber wie der damaligen Sowjetunion wohl auch als die richtige Überlegung herausgestellt hat. Das ging zum Zweiten aber auch ganz wesentlich auf den Umstand zurück, dass manche Nachrüstungsgegner die Nachrüstungsbefürworter einfach als schlechte Christen bezeichneten (wenn überhaupt) und damit den Anspruch erhoben, exklusiv über das Wissen um das vor Gott Gerechte zu verfügen. Doch auch in der Frage, wie äußerer Friede zu sichern oder gegebenenfalls zu erreichen ist, müssen Argumente für die eine oder andere Entscheidung gegeneinander abgewogen werden.

Diese Entscheidung können Kirchenleute Politikern nicht abnehmen. Nehmen wir das Beispiel Afghanistan, wozu sich bekanntermaßen die frühere EKD-Ratsvorsitzende Margot Käßmann pointiert geäußert hat: »Nichts ist gut in Afghanistan.« Im Sinne der Zwei-Reiche-Lehre Luthers würde ich dazu zunächst einmal sagen: Es wäre schlimm, wenn die Bischöfin so reden würde wie der Verteidigungsminister; es wäre aber ebenso schlimm, wenn der Verteidigungsminister so handeln würde, wie die Bischöfin redet. Völlig unangebracht wäre es zu glauben, dass ein Verteidigungsminister (egal von welcher Partei) das Leben der eigenen Soldaten und auch das der Zivilbevölkerung in Afghanistan fahrlässig aufs Spiel setzen würde.

Die Debatte um den »gerechten Krieg«

Ob man deshalb gleich von »gerechten Kriegen« sprechen muss, wie das Jahrhunderte lang der Fall war, steht auf einem anderen Blatt. Auch die große lutherische Bekenntnisschrift, die Confessio Augustana, spricht in ihrem 16. Artikel von »rechten Kriegen«. Dabei können die Überlegungen großer Theologen wie Augustinus oder Thomas von Aquin, wann denn ein Krieg gerecht sei, auch heute eine wertvolle Hilfe bei der Beurteilung von kriegerischen

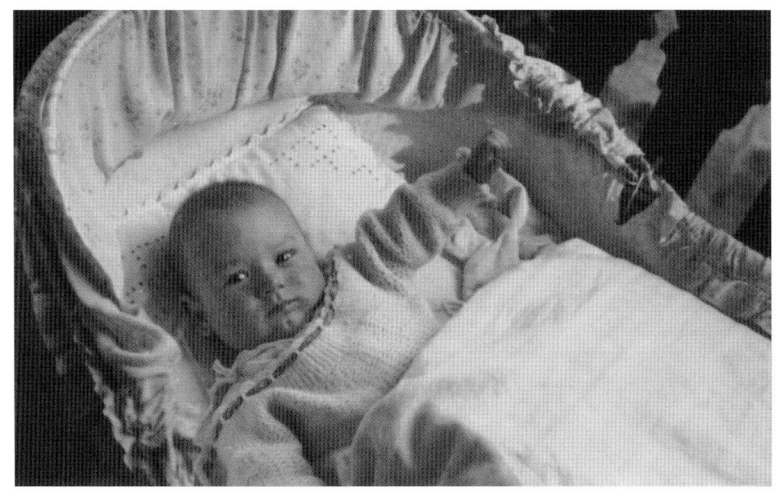

Günther Beckstein, fünf Monate alt (1944)

Im Kinderwagen

Am 1. Schultag (1949)

Ausflug mit der 1. Klasse (1950)
(Günther Beckstein in heller Kleidung in der Mitte, eine dunkle Wimpelstange haltend)

Als Konfirmand (1957)

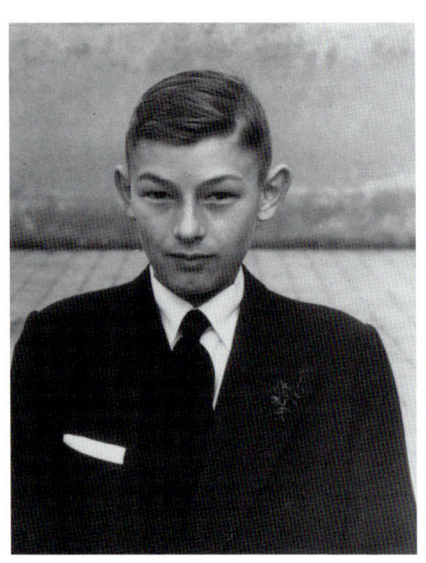

Bergwanderung auf einer Jungenschaftsfreizeit (1960)

Günther und Marga Beckstein

Weihnachten zu Hause, Spiel mit den Kindern und der Lehmanneisenbahn

Beim Toben mit den drei Kindern Ruth, Frank, Martin (ca. 1982)

Gatterlmesse an der Knorrhütte auf der Zugspitze mit Frau und Söhnen Frank und Martin (ca. 1990)

Mit Vater Dr. Julius Beckstein

Im Wahlkampf für das Amt des Oberbürgermeisters von Nürnberg (1987)

Vereidigung als Staatssekretär durch den damaligen Landtagspräsidenten Franz Heubl (1988)

Im Gespräch mit dem Stellvertretenden Bayerischen Ministerpräsidenten Karl Hillermeier

Interview mit Rainer Kretschmann, Bayerischer Rundfunk

In Nürnberg: Wahlkampf mit Bundeskanzler Kohl und dem Bayerischen Ministerpräsidenten Max Streibl (1990)

Bill Clinton, Günther Beckstein und Marga Beckstein (Aufnahme nach der Präsidentschaft Clintons). Clinton besuchte Beckstein in Nürnberg 1989 und 1991.

Vereidigung als Bayerischer Ministerpräsident durch Landtagspräsident Alois Glück

Als Innenminister begrüßt Günther Beckstein UN Generalsekretär Kofi Annan beim Besuch der Bayerischen Bereitschaftspolizei

Bei der Präsentation der ProChrist-Mobil-Kampagne in München, zusammen mit Regionalbischöfin Susanne Breit-Keßler und ProChrist-Sprecher Ulrich Parzany (2005)

Alljährlicher Sterneverkauf zugunsten der Benefiz-Aktion Sternstunden auf dem Christkindlesmarkt Nürnberg

Besuch als Ministerpräsident bei Papst Benedikt XVI (2007)

Beim Oktoberfestzug (2008)

Neujahrsempfang des Bayerischen Ministerpräsidenten in der Residenz München (2008)

Auseinandersetzungen sein. Wobei »gerecht« hier nicht als »gut« zu verstehen ist, sondern im Sinn von »nicht ungerecht« oder »gerechtfertigt«. »Gerecht« kann demnach nur ein Krieg sein, wenn es einen zulässigen Kriegsgrund gibt, wenn also von der Gegenseite schweres Unrecht zugefügt wurde, zum Beispiel ein militärischer Angriff. Es darf sich allerdings nur um das letzte Mittel handeln, zuvor müssen andere Versuche zur Bewältigung eines Konflikts unternommen worden sein. Es muss um eine gerechte Absicht gehen, also beispielsweise nicht um blinde Rache. Militärische Mittel dürfen nur so eingesetzt werden, dass sie nicht noch höheren Schaden anrichten (Stichwort: Verhältnismäßigkeit der Mittel). Schließlich darf Krieg nur von einer dazu autorisierten Macht erklärt werden. All das kann man nun für die militärischen Auseinandersetzungen der vergangenen Jahre durchbuchstabieren, vom Balkankonflikt über den Afghanistaneinsatz zum Irakkrieg. Dabei werden Christen vermutlich zu unterschiedlichen Einschätzungen kommen, was sich an einem Disput zwischen dem damaligen EKD-Ratsvorsitzenden Wolfgang Huber und Richard Land, dem Ethikbeauftragten der US-amerikanischen Southern Baptist Convention, im Vorfeld des Irak-Kriegs zeigte: Während Huber betonte, ein Präventivkrieg könne nicht als »gerechter Krieg« bezeichnet werden, wies Land auf die Angriffe vom 11. September 2001 als ausreichenden Kriegsgrund hin.

Oder denken wir an Afghanistan: Bei diesem Einsatz haben zahlreiche Argumente eine Rolle gespielt, von der Verpflichtung der Mitglieder der NATO zur gegenseitigen Hilfe über den Kampf gegen den internationalen Terrorismus bis hin zur humanitären Hilfe für die von den Taliban bedrängte afghanische Bevölkerung, wo Kamele lange Zeit besser behandelt wurden als Frauen. Wir können daher Afghanistan nicht von heute auf morgen verlassen. Mein Konsynodaler Gerhard Ried, der als Soldat im Afghanistan-Einsatz war, sagt, »dass es den Menschen in Afghanistan besser geht, gerade auch, weil deutsche Soldaten unter anderem Sicherheit gewährleisten.« Die Menschen lebten durch die Präsenz der Soldaten sicherer und die Menschenrechte hätten an Bedeutung gewonnen. Einen

Rückzug der Truppen ohne eine Zukunftsstrategie hält er daher für falsch. Wer soll dann für ein Mindestmaß an Sicherheit für die Menschen sorgen, auch für die Hilfsorganisationen, die in Afghanistan tätig sind? Ich ergänze: Wenn wir Soldaten im Rahmen eines UN-Auftrags und mit dem Mandat des Deutschen Bundestags in einen Auslandseinsatz schicken, dann müssen wir ihnen auch Rechtssicherheit geben. Wir können nicht unsere Soldaten nach Afghanistan schicken, damit sie dort ihre Haut zu Markte tragen, und ihnen klare Rechtsregeln verwehren. Ich bin daher dankbar, dass das juristische Verfahren gegen Oberst Klein wegen des Kunduseinsatzes im September 2009 eingestellt wurde.

Gleichzeitig begrüße ich, dass Bundesverteidigungsminister Karl Theodor zu Guttenberg den Mut bewiesen hat, die Probleme in Afghanistan klar zu benennen, und dass er als Erster von einem Krieg gesprochen hat, den die Bundeswehr am Hindukusch führt. Es hilft nichts, sich hier etwas vorzumachen. In meiner Zeit als Innenminister hatte ich mich geweigert, bayerische Polizisten nach Afghanistan zu schicken, nicht nur weil ich Sicherheitsbedenken hatte. Nach Gesprächen mit amerikanischen Militärs erschien es mir nämlich auch sinnlos, Polizisten in Afghanistan auszubilden, die zwar Lastwagen auf Überladung kontrollieren dürfen, nicht aber auf Rauschgift – denn das ist nicht Teil des Afghanistan-Mandats. Die Folge: Seit dem Einsatz der Amerikaner hat Afghanistan Kolumbien als Rauschgiftexporteur Nummer 1 abgelöst...

So zeigen die Probleme in Afghanistan und auch im Irak, dass wir uns vor möglichen Auslandseinsätzen in der Zukunft noch genauer überlegen müssen, wie solche Einsätze nicht nur begonnen, sondern auch beendet werden können und auf welches kulturelle Umfeld sie treffen. Der frühere US-Präsident George W. Bush war sicher überzeugt davon, durch den Sturz Saddam Husseins dem irakischen Volk zu Hilfe zu kommen und eine freiheitliche Entwicklung zu ermöglichen: »Ein befreiter Irak kann die Macht der Freiheit zur Umgestaltung dieser wichtigen Region demonstrieren, indem vielen Millionen Menschen Hoffnung und Fortschritt beschert werden«, so die Hoffnung Bushs. Dabei hat er jedoch die unterschiedlichen Kräfte unterschätzt, die diese Intervention als Beispiel für die angebliche Dominanz des Westens interpretiert haben. Vor diesem Hintergrund muss es in Zukunft um eine kritischere Abwägung der Chancen und Risiken von militärischen Interventionen gehen. Es muss, so heißt es in einem Dokument der katholischen Deutschen Bischofskonferenz, »eine hinreichende Wahrscheinlichkeit bestehen, dass die Gewaltanwendung ihr Ziel tatsächlich erreichen kann und die Lage nicht etwa noch verschlimmert wird. (...) Gewaltförmige Aktionen dürfen nicht die Grundlagen dessen zerstören, was sie zu bewahren und zu verteidigen suchen.«[14]

Es kann sicher keinen »gerechten Pazifismus«[15] geben, indem man sich mit der Ungerechtigkeit der Welt einfach abfindet und – so sehr das im Persönlichen angebracht sein kann – die linke Wange hinhält, wenn man schon auf die rechte geschlagen wurde. Auch die Kirchen benennen in ihren Friedensdenkschriften der jüngsten Zeit politische, moralische und völkerrechtliche Kriterien, unter denen der Einsatz rechtserhaltender militärischer Gewalt vertretbar ist. Das von den Kirchen in die Diskussion eingebrachte Wort vom »Gerechten Frieden« sollte auch in der Politik stärker aufgegriffen werden. Das heißt, dass militärische Konzepte verzahnt werden müssen mit Konzepten zum friedlichen Aufbau von Gesellschaften, auch mit Konzepten zur Durchsetzung der Menschenrechte: Menschenrechtspolitik ist Friedenspolitik. Sowohl bei der Bekämpfung von Kriminalität im Inneren als auch im Äußeren gilt: Wie man soziale Projekte zur Gewaltprävention nicht gegen Kriminalitätsbekämpfung mit Mitteln von Polizei und Justiz gegeneinander ausspielen darf, so wenig kann man bei internationalen Konflikten allein auf militärisches Eingreifen setzen, sondern muss langfristige Hilfs- und Entwicklungsprojekte mit in den Blick nehmen. Das würde übrigens im Politischen dem entsprechen, was Martin Luther mit seiner Erläuterung zum 5. Gebot dem Einzelnen ins Stammbuch schreibt: »Wir sollen Gott fürchten und lieben, dass wir unserem Nächsten an seinem Leibe keinen Schaden noch Leid tun, sondern ihm helfen und beistehen in allen Nöten.« Es geht also auch um die positive Seite dieses Gebotes.

»Finaler Rettungsschuss«

Als langjährigem Innenminister ist mir zugegebenermaßen die Seite der Kriminalitätsbekämpfung mit den Mitteln von Polizei und Justiz vertrauter. Bis hin zu jenen schwierigen Entscheidungen, bei denen es – wie im Krieg – um Leben und Tod geht. Ich bin ein strikter Gegner der Todesstrafe. Gott hat jedem Menschen das Recht auf Leben gegeben. Aus christlicher Sicht steht es uns nicht zu, in dieses Recht einzugreifen und darüber zu entscheiden, ob und wann das Leben eines anderen wieder genommen wird. Das ist elementarer Bestandteil der Menschenwürde, auch der Menschenwürde von Verbrechern.

Und doch habe ich mich als Innenminister mit dem finalen Rettungsschuss befassen müssen. Nach dem Polizeiaufgabengesetz ist als letztes Abwehrmittel die Tötung von Schwerverbrechern zulässig, um unschuldige Opfer vor schwerwiegenden oder sogar tödlichen Verletzungen zu bewahren. Die Freigabe des finalen Rettungsschusses verstößt freilich im schlimmsten Fall gegen das Gebot »Du sollst nicht töten«. Dennoch dürfen wir nicht vergessen, dass auch den unschuldigen Opfern Schutz zu gewähren ist, wenn ihr Leben bedroht ist. Zwar kommt dem Leben eines brutalen Geiselnehmers kein geringerer Wert zu als dem Leben der Geiseln. Vor die Alternative gestellt, entweder die Tötung der Geiseln zuzulassen oder sie durch die Tötung des Täters als einzigem Abwehrmittel zu verhindern, muss der Staat sich aber für die letztere Lösung entscheiden können.

Die Abwägung, die er und seine Vertreter dabei leisten müssen, ist grausam. Sie ist bereits dann grausam, wenn es um die Entscheidung geht, das *eine* Leben eines Geiselnehmers zu vernichten, um das *eine* Leben der Geisel zu schützen. Stellen Sie sich aber vor, wie grausam dieses Abwägen dann wird, wenn es darum geht, ein von islamistischen Terroristen gekapertes Flugzeug mit zwei-, dreihundert Passagieren abzuschießen, um eine noch größere Katastrophe für noch mehr Menschen zu verhindern! Hier wird die verantwortliche politische Entscheidung zu einem kaum mehr zu leistenden Spagat. Ich wünsche niemandem, jemals eine solche Entscheidung treffen zu müssen: Es ist so oder so eine Entscheidung, die mit Schuld verbunden ist.

Allerdings halte ich es für falsch, dass das Bundesverfassungsgericht in einem Urteil vom 15. Februar 2006 die Möglichkeit zum Abschuss von Flugzeugen im Luftsicherheitsgesetz grundsätzlich für verfassungswidrig erklärt hat, sofern die Möglichkeit besteht, dass dadurch Unschuldige zu Tode kommen. Das Gesetz sah als äußerste Maßnahme eine »unmittelbare Einwirkung mit Waffengewalt« vor, »wenn nach den Umständen davon auszugehen ist, dass das Luftfahrzeug gegen das Leben von Menschen eingesetzt werden soll, und sie das einzige Mittel zur Abwehr dieser gegenwärtigen Gefahr ist.« Hintergrund waren natürlich die terroristischen Angriffe des 11. September 2001. Doch als es am 5. Januar 2003 einem Amateurpiloten gelang, ein Sportflugzeug zu entführen, der damit um die Frankfurter Hochhäuser herumflog und drohte, die Maschine in das EZB-Gebäude zu steuern, wurde deutlich, dass solche gefährlichen Situationen auch in Deutschland nicht ausgeschlossen sind. Die Rechtslage war zunächst völlig unklar: In einer Schaltkonferenz besprachen Hessens Ministerpräsident Roland Koch und Bundesverteidigungsminister Peter Struck die Lage – zuständig wären aber die Landesinnenminister von Hessen, Bayern und Rheinland-Pfalz gewesen, weil die Lufträume dieser drei Bundesländer betroffen waren.

Amoklauf an Schulen – was ist zu tun?

Das Gutenberg-Gymnasium in Erfurt, die Wirtschaftsrealschule in Freising, die Albertville-Realschule in Winnenden – diese

Orte stehen für Amokläufe von Jugendlichen, die uns erschüttert haben: Junge Menschen suchten mit einer Waffe ihre Schule auf und schossen meist wahllos auf jeden, dem sie begegneten. Gleichgültiger und brutaler kann man nicht mehr agieren. Hier fehlte ein Minimum an humaner Grundeinstellung. Selbstverständliche Werte galten den Tätern ganz offensichtlich nichts oder nichts mehr. Einzelne haben zigfach Menschenleben vernichtet, Angehörige und Freunde der Opfer in tiefste Trauer gestürzt und eine ganze Nation in einen Schockzustand versetzt. Was war da los? Wie war es jeweils möglich, dass ein Jugendlicher ein solches Übermaß an Hass und Frustration aufbauen konnte, um so auszurasten? Wer war für diesen GAU verantwortlich? Gibt es überhaupt Verantwortlichkeiten?

Aus dem Schock heraus, gewissermaßen als Reflex, haben sich jeweils sofort Experten und Nichtexperten zu Wort gemeldet: Es wurden neue Verbote im Waffenrecht gefordert. Es wurden mehr Kontrollen verlangt. Es wurde die Bewachung von Schulen aufs Tapet gebracht. Darüber kann man reden, es wird vielleicht sogar eine Verbesserung erbringen, und sei es nur eine gefühlte. Auch die Frage, inwieweit bestimmte Computerspiele Gewalt stimulieren, ist ernsthaft zu stellen. Entscheidend aber ist, dass wir den Werten und der Werteerziehung wieder einen Platz in der Mitte geben. Das freilich geht über die Aufgaben der Politik hinaus. Unsere Kinder und Jugendlichen müssen lernen, was richtig und falsch ist, sie müssen lernen, respektvoll und tolerant miteinander umzugehen. Und zwar im eigenen Elternhaus, in der Schule, in Vereinen.

Kinder fördern – und ihnen Grenzen setzen
Zur Wertevermittlung gehören zwei wichtige Pfeiler: Einerseits ein gesundes Selbstbewusstsein – gerade als Christ weiß ich, dass jeder Einzelne wertvoll und ganz individuell begabt ist –, andererseits die Achtung vor dem Anderen, denn auch der Andere ist wertvoll. Dazu ist es nötig, Grenzen zu setzen, gegebenenfalls auch mit Mitteln des Staates. Dass das nicht immer populär ist, habe ich am

eigenen Leib in der Sache »Mehmet« erfahren, als ich noch bayerischer Innenminister war. Da hatte ein noch nicht einmal 14-jähriger Jugendlicher (der in Wirklichkeit nicht Mehmet hieß) bereits mehr als 60 Straftaten auf dem Kerbholz; die Eltern waren entweder nicht in der Lage oder nicht willens, ihm Einhalt zu gebieten. Wenn auf diese Weise Grenzen ständig überschritten werden, wenn sich Menschen weigern, das Wertesystem unserer Gesellschaft zu akzeptieren, dann stellt das eine Gefahr für unser Zusammenleben dar. Hier müssen wir Grenzen setzen mit den Mitteln, die uns zur Verfügung stehen. Dabei darf bei jugendlichen Straftätern mit Migrationshintergrund auch die Ausweisung in das Herkunftsland kein Tabuthema sein. Als »Mehmet« 1998 als 14-Jähriger erneut zuschlug, mit einer Dachlatte, um an das Geld eines 19-Jährigen heranzukommen, war das Maß voll. Während im Sozialreferat der Stadt München mit viel Verständnis für den Straftäter agiert wurde, bekannte Münchens SPD-Oberbürgermeister Christian Ude, dass er die Ausweisung des jungen Serientäters befürworte, weil alle Versuche der Erziehung und Besserung bis hin zur intensiven Einzelbetreuung offenkundig versagt hätten. Völlig zu Recht erklärte Ude: »Dabei leugne ich nicht, dass die Gewaltbereitschaft gerade bei bestimmten ausländischen Jugendgruppen erschreckend zugenommen hat und die Ausländer bei dieser Form der Kriminalität statistisch überrepräsentiert sind.« Ein Thema, das auch die Berliner Jugendrichterin Kirsten Heisig in ihrem posthum erschienenen Buch »Am Ende der Geduld« behandelt. Demnach werden strafunmündige Kinder von meist ausländischen Banden gezielt missbraucht, um Drogen zu verkaufen oder zu stehlen.

»Mehmet« wurde tatsächlich abgeschoben. Was dann folgte war jedoch mehr als grotesk und eine Verhöhnung der Opfer ohnegleichen: »Mehmet« wurde in der Türkei als Moderator einer Musiksendung zum Medienstar. Dann entschied das Bundesverwaltungsgericht im Juli 2002, dass die Abschiebung nicht rechtmäßig gewesen sei, weil »Mehmet« »nicht die erforderliche besondere Schwere« der Tat nachgewiesen worden sei und seine Taten als Strafunmündiger keine Rolle spielen sollten. Dass nach diesem Urteil auch nicht-integrationsfähigen ausländischen Jugendlichen ein Aufenthaltsrecht zusteht, halte ich für unverständlich. Das Signal gegenüber solchen Jugendlichen und auch ihren Eltern müsste doch im Gegenteil sein: Wenn ihr euch integriert, Deutsch lernt und unsere Gesetze ebenso wie unser Grundgesetz achtet, seid ihr uns herzlich willkommen. Wenn nicht, dann nicht. Grenzen müssen dort gezogen werden, wo sie permanent zum Schaden der ganzen Gesellschaft übertreten werden. Mit etwas Bitterkeit sei angemerkt, dass »Mehmet« nach seiner Rückkehr in die Bundesrepublik seine Eltern tyrannisierte und einer erneuten Ausweisung aufgrund einer Verurteilung wegen räuberischer Erpressung, Körperverletzung und Betrugs als inzwischen 21-Jähriger durch das Untertauchen in der Türkei zuvorkam.

Ich schildere das so detailliert, weil ich glaube, dass wir unseren Kindern und Jugendlichen keinen Gefallen tun, wenn wir ihnen alles durchgehen lassen und keine Grenzen setzen. Gleichzeitig müssen wir ihnen im Sinne einer positiven Werteerziehung Mut machen zu Engagement, zur Übernahme von Verantwortung und zu Solidarität. Ich denke daran, wie mir selbst meine Zeit beim CVJM Nürnberg-Lichtenhof geholfen hat, die Bedeutung des christlichen Menschenbildes zu erfahren und die gewonnenen Erfahrungen in die Tat umzusetzen. Ich erinnere mich noch gut daran, wie ich als 14-, 15-Jähriger mitgeholfen habe, zu alten Menschen in den dritten und vierten Stock Kohlen hinaufzutragen. Oder wie ich als 18-Jähriger ältere Frauen mit meinem kleinen Lloyd Alexander (die Älteren wissen noch: Zweizylinder-Viertakter, 25 Pferdestärken!) herumgefahren habe, zum Arzt oder zum Einkaufen oder zu einer Behörde. Ich weiß, dass es sicher nicht professionell war, wie ich mit diesen Menschen umgegangen bin. Und doch habe ich dabei gelernt, dass nicht immer nur das eigene Leben das Wichtigste ist, sondern dass es darauf ankommt, für andere da zu sein, ihnen zu helfen und auf sie Rücksicht zu nehmen. Ich habe gespürt und an der Reaktion der hilfsbedürftigen

Menschen gesehen, dass gelebte Solidarität und Verantwortungsbereitschaft ein großer Gewinn sind – nicht nur für die anderen, sondern nicht zuletzt auch für mich selbst.

Hilfe für andere heißt nicht allein, nach dem Staat zu rufen, sondern auch, sich selbst zu sagen: »Ich helfe mit«. Wenn es in der Bibel heißt: »Brich dem Hungrigen dein Brot und die im Elend ohne Obdach sind, führe ins Haus. Wenn du einen nackt siehst, so kleide ihn, und entzieh dich nicht deinem Fleisch und Blut« (Jesaja 58,7), dann richtet sich das an jeden von uns nach unseren Möglichkeiten. Dabei kann ich angesichts meiner Besuche und Gespräche nur sagen, wie froh ich bin, dass wir in Deutschland ein so großes Netz von Freiwilligen haben. Allein in Bayern engagieren sich mehr als 3,8 Millionen Menschen – sei es in Kirche und Gemeinde, bei der Feuerwehr und im Katastrophenschutz, im politischen oder sozialen Bereich. Ehrenamtliches Engagement ist das Rückgrat unserer Gesellschaft. Es spannt ein breites Netz über alle gesellschaftlichen Bereiche: Es hält unser Land und seine Menschen zusammen, verbindet Jung und Alt, stärkt die Schwachen und Hilfsbedürftigen und gibt unserer Gesellschaft ein sozialeres und menschlicheres Antlitz. Ehrenamtlich engagierte Menschen zeigen, dass sie ihre Freiheit auch als Auftrag zur Verantwortung verstehen. Damit bin ich wieder bei Luthers Auslegung des 5. Gebots, die nicht nur die ablehnende Seite enthält (»dass wir unserem Nächsten an seinem Leibe keinen Schaden noch Leid tun«), sondern eben auch die positive (»sondern ihm helfen und beistehen in allen Lebensnöten«).

Ja zum Leben – von Anfang an

Darauf ist auch bei den folgenden Überlegungen zu achten: Nicht der negative Blick auf kritische Entwicklungen der Gesellschaft soll dominieren, sondern das Ja zum Leben. Ganz im Sinn des blinden italienischen Star-Tenors Andrea Bocelli, der sich vor Kurzem zum Thema Abtreibung geäußert hat. Seiner Mutter war während der

Schwangerschaft wegen einer Erkrankung und einer zu erwartenden Behinderung zu einer Abtreibung geraten worden. Doch sie entschied sich für das Kind. Dazu Bocelli: »Vielleicht ist es voreingenommen, aber ich kann sagen, dass es die richtige Entscheidung war. Und ich hoffe, dass das Beispiel meiner Mutter andere Frauen ermutigen wird, die sich in komplizierten Phasen ihres Lebens befinden, ihr Kind aber retten wollen. Ich kämpfe nicht nur gegen etwas, ich kämpfe für etwas – für das Leben.«

Mit dem Thema Lebensschutz knüpfen wir unmittelbar an die Menschenwürde an. Wem sollte der Schutz des Lebens eigentlich in höherem Maße zukommen als den Wehrlosesten im Mutterleib? Schon das preußische Landrecht von 1794 legte fest: »Die allgemeinen Rechte der Menschheit gebühren auch den noch ungeborenen Kindern schon von der Zeit ihrer Empfängnis.« Zu Recht steht dem ungeborenen Kind daher laut Bürgerlichem Gesetzbuch (BGB) das Erbrecht zu. Ebenso klar ist, dass die Bestimmungen zum Schwangerschaftsabbruch im Strafgesetzbuch unter der Hauptüberschrift »Straftaten gegen das Leben« eingeordnet sind, zusammen mit Mord, Totschlag, Tötung auf Verlangen, Völkermord und fahrlässiger Tötung.

Abtreibung – das bedeutet Tötung menschlichen Lebens, daran gibt es nichts herumzudeuten. Längst ist auch in der Wissenschaft klar, dass menschliches Leben im Moment der Verschmelzung von Ei und Samenzelle entsteht. In den Wochen, in denen Schwangerschaftsabbrüche meist vorgenommen werden, ist der Embryo im Mutterleib bei Ultraschalluntersuchungen gut zu erkennen, längst schlägt das kleine Herz. Eine Abtreibung ist für das Kind mit schlimmsten Qualen verbunden, es wehrt sich regelrecht gegen diesen Eingriff, genauso wie sich jeder Mensch in Todesgefahr wehrt. So ist klar, dass der Embryo schützenswert ist. Nicht nur als ein von Gott geliebter Mensch, nicht nur unter moralischen Gesichtspunkten, sondern auch unter rechtlichen Gesichtspunkten.

Strafrechtlich handelt es sich aber bekanntlich um einen sehr sensiblen Bereich. Die Strafandrohung hat in der Vergangenheit häufig dazu geführt, dass Abtreibungen von Kurpfuschern durchgeführt wurden, die auch das Leben der Mütter gefährdeten. Selbst in der Zeit, als der alte § 218 noch galt, kam es nur in wenigen Fällen zu Verurteilungen. Wobei ich anmerken muss, dass es unseren Staatsanwälten und Richtern durch die veröffentlichte Meinung nicht leicht gemacht wurde: Als in Nürnberg ein Arzt wegen Steuerhinterziehung und wegen fahrlässiger Tötung bei Abtreibungen dem Strafrichter zugeführt werden sollte, wurde massiver Druck ausgeübt, dass die Verfahren bezüglich der betroffenen Frauen gegen ein Bußgeld im untersten dreistelligen Bereich eingestellt wurden. Im Falle des Memminger Abtreibungsarztes Horst Theissen kam es zu einer groß angelegten öffentlichen Kampagne (wobei auch hier interessant ist, dass die Ermittlungen zunächst im Zusammenhang mit Steuerhinterziehung aus seinen Abtreibungs-Erlösen standen). Vor diesem Hintergrund wurde nach der Wiedervereinigung eine neue Regelung gesucht, mit der auch die generelle Fristenregelung in der DDR beendet wurde. Nachdem das Bundesverfassungsgericht auf Antrag Bayerns ein erstes Gesetz 1993 für unvereinbar mit dem Schutz der Menschenwürde erklärt hatte, kam es 1995 zur heute gültigen Regelung, wonach Abtreibungen zwar weiterhin rechtswidrig sind, aber im Fall einer vorherigen Beratung innerhalb der ersten zwölf Schwangerschaftswochen nicht bestraft werden. Der Grundgedanke war, dass Müttern in Konfliktsituationen durch die Beratung geholfen werden soll, ein Ja zu ihrem Kind zu finden. Auch engagierte Christen haben sich daher damals für dieses Gesetz ausgesprochen.

Man kann aber dennoch nicht die Augen vor den Problemen, die mit dieser Regelung verbunden sind, verschließen. Zum einen gibt es innerhalb der verschiedenen Gesetze markante Unterschiede: Die Regelung im Strafgesetzbuch (§ 219 StGB) legt den Schwerpunkt auf den Schutz des ungeborenen Lebens, dem die Beratung dienen soll. Im Schwangerschaftskonfliktgesetz steht zunächst, dass die Beratung »ergebnisoffen zu führen« ist (§ 5 SchKG). Nahezu unbeachtet bleibt die Forderung des Bundesverfassungsgerichts zu überprüfen, ob die heute gültige Regelung wirklich zum Schutz des Lebens geführt hat: »Stellt sich nach hinreichender Beobachtungszeit heraus, dass das Gesetz das von der Verfassung geforderte Maß an Schutz nicht zu leisten vermag, so ist der Gesetzgeber verpflichtet, durch Änderung oder Ergänzung der bestehenden Vorschriften auf die Beseitigung der Mängel (…) hinzuwirken.« Doch nach wie vor werden in unserem reichen Land im Jahr rund 120 000 Schwangerschaftsabbrüche vorgenommen, die Dunkelziffer reicht bis zu 200 000.

Beratung *für* das Leben

Ich weiß: Es gibt keine politische Mehrheit für eine Änderung der heutigen Regelung. Von daher ist entscheidend, dass wir an einem positiven Klima für das Leben arbeiten. Das geschieht durch wertvolle Initiativen wie die Aktion für das Leben oder die Landesstiftung Mutter und Kind. Die kirchlichen Beratungsstellen leisten einen wertvollen Dienst, wobei ich in diesem Zusammenhang auch an »Donum Vitae« erinnern möchte. »Donum Vitae« wurde von katholischen Laien gegründet, nachdem die katholische Kirche offiziell aus dem staatlichen Beratungssystem ausgestiegen war. Ich kann die Gründe für diesen Ausstieg zwar gut nachvollziehen: Es ist sicher schmerzlich, Beratungsscheine auszustellen, die als »Lizenz zum Töten« genutzt werden können. Dennoch sehe ich auch die Chancen, die mit einer profilierten Beratung für das Leben verbunden sind: Es werden sich leider nicht alle Frauen, die an einer Schwangerschaftskonfliktberatung teilnehmen, von einer Abtreibung abbringen lassen. Doch die Kinder, die dank dieser Beratung geboren werden, sind es wert, dass man sich auch als Christ die Hände schmutzig macht. Insofern ist es mir ein Rätsel, warum die katholische Kirche die Menschen, die sich hier ernsthaft Gedanken um den Schutz des Lebens machen, so heftig attackiert; ich kenne allerdings auch die Diskussionen, die es dazu innerhalb meiner evangelischen Kirche gibt.

Als ganz wichtig empfand ich es, dass der Deutsche Bundestag im Jahr 2009 endlich eine neue Regelung für Spätabtreibungen gefunden hat – nachdem die Unions-Fraktion mit entsprechenden Initiativen zuvor dreimal unter der rot-grünen Regierung gescheitert war. Spätabtreibungen waren besonders durch den Fall des Oldenburger Babys Tim aus dem Jahr 1997 ins Bewusstsein vieler Menschen gekommen: Der kleine Tim sollte, nachdem eine Fruchtwasseruntersuchung auf Trisomie 21 (Down-Syndrom) gedeutet hatte, in der 25. Schwangerschaftswoche getötet werden. Doch er überlebte die Abtreibung. Die Ärzte im Oldenburger Krankenhaus ließen das Kind daraufhin mehrere Stunden lang unbehandelt liegen – offensichtlich in der »Hoffnung«, es werde schon noch von alleine sterben. Wegen dieser unterlassenen Hilfeleistung, die einige Jahre später juristisch belangt wurde, erlitt das Kind noch weitere Behinderungen. Dennoch lebt es heute in einer Pflegefamilie, die Tim wunderbar betreut. Wie kann man in diesem Zusammenhang nur von einem »Recht auf Fetozid« sprechen, wie das Monika Frommel, die Direktorin des Instituts für Sanktionenrecht und Kriminologie an der Universität Kiel, tut: Fetozid, das ist die Todesspritze ins Herz des Ungeborenen, eine unglaublich grausame Form der Abtreibung, mit der verhindert werden soll, dass Kinder andere Formen der Abtreibung überleben und dann, nach ihrer Geburt, geschützt werden müssen.

Das Skandalöse an Spätabtreibungen ist zum einen, dass zu erwartende Behinderungen als ein Grund zur Abtreibung noch bis kurz vor der Geburt gelten – dabei steht die Menschenwürde jedem zu, unabhängig von Gesundheit oder Krankheit. Zum anderen bestand bis zur Neuregelung durch den Bundestag noch nicht einmal eine Pflicht zur Beratung (im Unterschied zu Abtreibungen in den ersten drei Monaten): Dabei ist eine Beratung in einer Situation, in der Eltern die Diagnose einer Behinderung erhalten, wohl am nötigsten. Ich bin dankbar, dass es für die Neuregelung, die nun ein verpflichtendes Beratungsangebot des behandelnden Arztes für die Schwangere sowie eine dreitägige Bedenkzeit vorsieht, eine überparteiliche Mehrheit im Bundestag gab: Neben Initiatoren wie meinem CSU-Kollegen Johannes Singhammer oder dem ehemaligen CDU-Abgeordneten Hubert Hüppe möchte ich hier gerade die frühere bayerische SPD-Vorsitzende Renate Schmidt erwähnen, die dafür in ihrer eigenen Partei heftige Kritik einstecken musste. So meinte die Münchner SPD-Landtagsabgeordnete Adelheid Rupp: »Die Neuerungen, wie sie der Gesetzentwurf von Union, FDP und leider auch einer bayerischen SPD-Abgeordneten vorsieht, sind eine nicht hinzunehmende Bevormundung der Frauen.«

Doch können wir wirklich von einem »Recht auf Selbstbestimmung« sprechen, wie das Frau Rupp tut, oder von einem »Recht auf Abtreibung« (Monika Frommel) – und sollten wir nicht vielmehr immer wieder das »Recht auf Leben« betonen! Ein Schritt in diese Richtung könnte sein, dass die Kostenübernahme für Abtreibungen durch die gesetzlichen Krankenkassen bzw. den Staat vollständig gestrichen wird. Es ist doch kurios, dass Männer, die zu dem Kind stehen, das sie gezeugt haben, Unterhalt zahlen müssen, während Männer, die sich davonmachen und ihre Freundin mit der Abtreibung allein lassen, noch nicht einmal für die Kosten der Abtreibung aufkommen müssen. Hier gäbe es schon noch gesetzgeberische Möglichkeiten, die Entscheidung für das Leben zu stärken.

Das ist aber auch eine Aufgabe der Medien. Ein Negativ-Beispiel stellt der Fernsehsender RTL dar, der 2010 in der Sendung »Die Ausreißer« über eine 15-jährige Jugendliche berichtete, die ungewollt schwanger wurde. Sowohl das Mädchen als auch ihr Freund lehnten eine Abtreibung zunächst ab, doch sie wurden von der Mutter des Mädchens und indirekt auch einem Sozialarbeiter genau in diese Richtung gedrängt. Das zeige, wie »normal« Abtreibungen in unserem Land geworden seien, hat Sophia Kuby, die Jugendbeauftragte der Christdemokraten für das Leben, dazu treffend bemerkt: »Die eigenen Bedenken der Jugendlichen (›Abtreibung ist doch Mord‹) werden weder gehört noch reflektiert. Das

Töten des ungeborenen Lebens wird zu dem scheinbar besten Ausweg, der allerseits Anerkennung findet.« Die psychischen und physischen Folgen würden völlig ausgeblendet, so Kuby.

Auch die Kirchen dürfen sich mit der traurigen Abtreibungswirklichkeit in Deutschland nicht abfinden. Während einige katholische Bischöfe dieses Thema immer wieder ansprechen, höre ich dazu in meiner evangelischen Kirche zu wenig, manchmal sogar Zweifelhaftes. Symptomatisch erscheint mir eine Pressemitteilung der EKD aus dem Jahr 2005, die folgende Überschrift hatte: »EKD: Zahl der Spätabbrüche verringern – Behinderung dürfe nicht alleiniger Grund für Abbruch sein«. Soll das heißen, dass Abtreibungen in Ordnung sind, wenn zusätzlich zu einer wahrscheinlichen oder auch nur möglichen Behinderung des ungeborenen Kindes noch ein anderer Grund hinzukommt?

Mein Nein zur »Rosenheimer Erklärung«
Auch die »Rosenheimer Erklärung« der bayerischen Landessynode aus dem Jahr 1991 war zumindest missverständlich, wenn es darin hieß: »In Konfliktsituationen kann die letzte Entscheidung der betroffenen Frau von niemandem abgenommen werden. Sie muss sie in ihrer Verantwortung vor Gott treffen.« Wegen dieses Satzes lehnte es der damalige Landesbischof Johannes Hanselmann ab, der Erklärung zuzustimmen. Auch ich lehnte diesen Punkt ab – als stellvertretendes Mitglied der Synode vertrat ich in Rosenheim Landwirtschaftsminister Simon Nüssel. Da es meine erste Synode und ich nur stellvertretendes Mitglied war, wollte ich mich eigentlich in der Debatte zurückhalten. Doch hier ging es um eine Frage, die mich außerordentlich bewegte. Ich sagte damals zu diesem Punkt: »Nach meinem Verständnis habe ich nicht mal für mein eigenes Leben die Entscheidung. Das ist auch vom Recht her ganz eindeutig, dass der Selbstmord rechtswidrig, wenn auch straflos ist; aber ethisch ist es völlig eindeutig, dass das Leben mir von Gott gegeben und von Gott genommen wird. Wenn ich nicht einmal über mein eigenes Leben verfügen kann, möchte ich wissen, wa-

rum es richtig ist, dass ich über ein anderes Leben ethisch verfügen kann. Ich halte das für grundfalsch.« Reicht es denn, eine Realität zu beschreiben, oder muss Kirche nicht vielmehr normativ reden und daran erinnern, dass Gott ein Freund des Lebens ist? Die »Rosenheimer Erklärung« blieb damit weit hinter den positiven Aussagen des Bundesverfassungsgerichts zum Lebensschutz zurück. Ich sagte in der Synode – und fühle mich durch die Entwicklung seitdem leider bestätigt: »Das wird Auswirkungen auf die Diskussion um Sterbehilfe haben, das wird Auswirkungen auf viele anderen Bereiche haben, auf die ich nur warnend hinweisen will.«

Abtreibung ist und bleibt Unrecht, also Sünde – was die »Rosenheimer Erklärung« nicht explizit beinhaltete. Das müssen wir als Christen immer wieder sagen; wenn das nicht einmal von kirchlicher Seite geschieht, woher soll dann ein Unrechtsbewusstsein in dieser Gesellschaft kommen? Im Übrigen ist auch das kirchliche Engagement gegen die verbrauchende Embryonenforschung und das Forschungsklonen unglaubwürdig, wenn wir uns zwar für die Würde weniger Tage alter Embryos im Reagenzglas einsetzen, aber den ungeborenen Kindern im Mutterleib in der zehnten oder zwölften Schwangerschaftswoche den Schutz und unser Engagement verweigern.

Grenzen der Medizin

Damit bin ich auch schon beim nächsten Thema, das den Schutz des Lebens in seinem frühesten Stadium betrifft. Erst im Sommer 2010 hat eine Entscheidung des Bundesgerichtshofs in Leipzig für Aufsehen gesorgt, nach der Gentests an Embryonen bei künstlicher Befruchtung nicht strafbar sind. Ein Berliner Mediziner hatte sich selbst angezeigt, nachdem er die umstrittene Präimplantationsdiagnostik vorgenommen hatte, was vor dem BGH-Urteil in Deutschland als verboten galt. Der konkrete Fall sah so aus: Ein Elternpaar mit einem schwer behinderten Kind wünschte sich ein weiteres Kind, das aber nicht behindert sein sollte. Der Arzt befruchtete im Reagenzglas acht Eizellen der Frau und untersuchte die entstandenen Embryonen. Die befruchteten Zellen, die Gendefekte aufwiesen, ließ er absterben und schüttete sie anschließend weg. Nach Ansicht des BGH verstößt das nicht gegen das deutsche Embryonenschutzgesetz, das es eigentlich unter Strafe stellt, wenn Eizellen aus einem anderen Grund als zur Herbeiführung einer Schwangerschaft befruchtet werden oder wenn ein menschlicher Embryo zu einem nicht seiner Erhaltung dienenden Zweck abgegeben, erworben oder verwendet wird. Die Richter verwiesen dazu auf den Wunsch der Eltern, der sich gerade auf die Herbeiführung einer Schwangerschaft richtete.

Dieses Urteil zeigt das Spannungsfeld zwischen dem verständlichen Wunsch von Eltern nach einem gesunden Kind auf der einen Seite und den Gefahren, die mit einer zu weitreichenden Liberalisierung der Rechtslage auf der anderen Seite verbunden sind. Das Gericht hat die Politik daher auch indirekt zu einer Stellungnahme aufgefordert. Denn selbst wenn bei den genetischen Untersuchungen, die im Rahmen der Präimplantationsdiagnostik durchgeführt werden, zunächst nur an sehr wenige Fälle gedacht wird, und selbst wenn es vordergründig besser sein mag, eine mögliche Behinderung im Reagenzglas festzustellen als später im Mutterleib – zu einer gentechnischen Selektion von Menschen darf es nicht kommen. Wer vermag zu entscheiden, wann es sich um »schwere genetische Schäden« handelt, die der BGH in seinem Urteil im Blick hat? Oder reicht irgendwann schon das falsche Geschlecht, um einen Embryo im Reagenzglas zu entsorgen? Der Weg zur Produktion von Erbmaterial für kranke Geschwister und im Extremfall bis hin zu Designerbabys ist nicht weit.

Ganz generell lässt sich hier die Problematik vieler bioethischer Fragen darstellen: Auf der einen Seite stehen durchaus berechtigte Hoffnungen und Erwartungen (gesundes Kind, Forschungserfolge zur künftig besseren Behandlung von Krankheiten), auf der anderen Seite steht das Lebensrecht des Embryos in seinem frühesten Stadium, der eben schon alle Voraussetzungen zur Menschwerdung in sich trägt. Die Frage ist, ob die unterschiedlichen Interessen gegeneinander abgewogen werden können oder ob nicht der Schutz der Menschenwürde grundlegend sein muss. Die Menschenwürde besagt ja gerade, dass das Leben des einen nicht Mittel zum Zweck des anderen sein kann. Denken wir an die Forschung an embryonalen Stammzellen, die man besser als »verbrauchende Embryonenforschung« bezeichnen sollte, weil die Gewinnung der Stammzellen zwangsweise den Verbrauch des Embryos einschließt. Dabei will ich die hehren Motive von Forschern, die sich von der Arbeit mit embryonalen Stammzellen viel erhoffen, nicht in Abrede stellen. Ich erwarte mir aber, dass die Wissenschaftler ihren Blick stärker auf die ethisch unbedenkliche Forschung an adulten Stammzellen richten, die aus dem Nabelschnurblut Neugeborener und aus dem Blut und Knochenmark von Erwachsenen gewonnen werden. Hin- und hergerissen bin ich bei der Frage, inwiefern die Forschung an schon vorhandenen Stammzelllinien erlaubt sein soll – eine Frage, über die auch der Deutsche Bundestag schon zweimal abzustimmen hatte. Einerseits greift bei diesen konkreten Stammzelllinien der Lebensschutz nicht mehr, andererseits wird damit die Vernichtung der Embryos im Nachhinein gewissermaßen sanktioniert. Zudem entsteht durch ihre Verwendung ein Anreiz zur »Produktion« weiterer Stammzelllinien, bei denen dann erneut Embryos zerstört werden.

Ich fürchte, wir sind bei den Eingriffen in die Möglichkeiten menschlicher Fortpflanzung in den vergangenen Jahren zu weit gegangen. Ich höre von werdenden Eltern, die die vorgeburtlichen Untersuchungen als belastend empfinden. Die Ärzte müssen sich aus rechtlichen Gründen so weit absichern, dass sie nur ja keine mögliche Behinderung übersehen, weil ihnen sonst eine »Schadensersatzklage« droht. Kinder als »Schadensfälle«? Beim Gedanken an entsprechende höchstrichterliche Urteile kann man nur erschaudern. Eltern dürfen auch nicht zu Pränataler Diagnostik gedrängt werden, zumal diese oft nur Wahrscheinlichkeiten für eine mögliche Behinderung zum Ergebnis hat (und zumal die Diagnostik selbst mit medizinischen Risiken verbunden ist). Denn was sollen werdende Eltern mit dem Satz anfangen: »Ihr Kind wird mit einer Wahrscheinlichkeit von 30 Prozent vom Down-Syndrom betroffen sein«? Kann das ein Argument für eine Abtreibung sein? Wobei wirklich erschreckend ist, dass sich 96 Prozent der Schwangeren, bei denen festgestellt wird, dass ihr Kind ein Down-Syndrom (Trisomie 21) aufweist, für einen Schwangerschaftsabbruch entscheiden. Hier sind Mediziner, aber auch Berater gefragt, die den Eltern Mut zum Kind machen. Im Übrigen imponiert mir, wenn in einer Broschüre zur Pränatalen Diagnostik der Hinweis enthalten ist: »Aus dem Grundverständnis heraus, dass jedes menschliche Leben von Anfang an eine unverfügbare Würde besitzt, lehnt die katholische Kirche und ihre Caritas Schwangerschaftsabbrüche grundsätzlich ab.« Sollte ein Gleiches nicht auch für unsere evangelische Kirche und ihre Diakonie gelten?

Ganz generell ist zu fragen, inwieweit wir im Bereich der vorgeburtlichen Medizin inzwischen einer Machbarkeitsvorstellung verfallen sind, die nicht nur medizinisch fragwürdig ist, sondern auch dem Mensch-Sein nicht gerecht wird. Der Freiburger Medizinethiker Giovanni Maio warnt: »Das werdende Leben ist zum Produkt geworden. Es kann bestellt, geprüft, abbestellt und weggeworfen werden.« Zusammen mit Medizinethikern kann ich nur sagen: Die Medizin muss sich selbst Grenzen setzen, sie darf nicht versuchen, Gott spielen zu wollen. Nach dem Motto: »Der Mensch schuf sich nach seiner Vorstellung.« Wer erst einmal anfängt, sich für oder gegen bestimmte Methoden zur vermeintlichen Erkennung von Krankheiten zu entscheiden, der muss sich irgendwann entscheiden. Aus dem Wählen-Können, so fürchten Kritiker, wird dann ein Wählen-Müssen: Wie schnell können Eltern dann unter den gesellschaftlichen und ökonomischen Druck geraten, ein möglicherweise (!) behindertes Kind abtreiben zu müssen.

In diesem Zusammenhang noch ein Wort zu den weiteren Möglichkeiten der Gentechnik. So kritisch ich gegenüber den

Verheißungen der genetischen Manipulation am Menschen bin, so differenziert müssen andere Bereiche der Gentechnik gesehen werden. Ich denke an die sogenannte »weiße Gentechnik«, also die Herstellung von Medikamenten oder Impfmaterial mithilfe gentechnischer Verfahren, wie zum Beispiel Insulin. Das halte ich im Prinzip für wichtig und zulässig, Deutschland ist im Übrigen größter Nutzer von weißer Gentechnik. Entscheidend ist hier wie bei der sogenannten »grünen Gentechnik« eine transparente Kennzeichnung. Der Einsatz von gentechnisch veränderten Lebensmitteln bedarf der kritischen Begleitung: Einerseits darf dadurch die traditionelle Landwirtschaft nicht kaputt gemacht werden, insbesondere nicht durch das Übergreifen genveränderter Pflanzen auf andere Felder. Die mit gentechnisch veränderten Pflanzen verbundenen Chancen für die Energieerzeugung, für den Schutz vor Schädlingen und nicht zuletzt zur Bekämpfung des Hungers in der Welt, dürfen aber nicht außer Acht gelassen werden. Der Direktor des Sambischen Christlichen Flüchtlingsdienstes Enos Moyo schreibt: »Jede Technologie, die die nachhaltige Produktion und Nahrungsmittelerzeugung verbessern kann, sollte sorgfältig geprüft werden. In unserer Arbeit mit den Armen und Ausgegrenzten begegnen wir oft verzweifelten, hungernden Menschen, die alles tun und essen würden, um einen Tag länger zu überleben.« Damit sind wir dann wieder ganz nah beim 5. Gebot und Luthers Auslegung, dem Nächsten zu helfen und in allen Nöten beizustehen.

»Sterbehilfe« und Sterbebegleitung

»Ein jegliches hat seine Zeit, und alles Vorhaben unter dem Himmel hat seine Stunden: Geboren werden hat seine Zeit, sterben hat seine Zeit« (Prediger 3,1-2). Was für den Prediger Salomo in der Bibel noch selbstverständlich war, ist es für uns offensichtlich nicht mehr, wie die Diskussion um die sogenannte »Sterbehilfe« zeigt. Dabei kommt der Frage, wie wir mit dem letzten Lebensabschnitt in Würde umgehen, allein schon aus demografischer Sicht enorme Bedeutung zu. Von Würde lässt sich aber nicht sprechen, wenn durch die Schweizer Organisation Dignitas auf Autobahnparkplätzen Todesspritzen an Sterbewillige verteilt werden. Das hat mehr Verwandtschaft mit illegaler Abfallentsorgung als mit würdevollem Tod. Diese Form der Beihilfe zur Selbsttötung ist unerträglich und muss vom Staat unterbunden werden.

Dabei ist mir bewusst, dass viele Menschen Angst vor einem schweren Leiden und einem möglicherweise qualvollen Sterben haben. In Einzelfällen neigt man zu Verständnis für Menschen, die keinen anderen Weg mehr sehen als die Giftspritze. Man kann zum Beispiel an folgende Situation denken: Eine Frau erkrankt unheilbar an Multipler Sklerose. Sie stürzt und kann sich kaum noch bewegen, das geliebte Klavierspiel muss sie aufgeben. Als sie erkennt, dass sie Arme und Beine immer weniger bewegen kann, bittet sie einen befreundeten Arzt, sie zu »erlösen«, für den Fall, dass es ganz schlimm wird. Der weigert sich jedoch und weist ihr Ansinnen als unethisch zurück. Als sie freilich auch noch unter Atemlähmungen leidet, bittet sie ihren eigenen Mann um »Sterbehilfe«, der ihr diesen Wunsch schließlich auch erfüllt: Er verabreicht ihr eine Überdosis aus dem Medizinfläschchen des Arztes, an der sie stirbt. Daraufhin wird er angezeigt und muss sich vor einem Gericht verantworten. Wie würden Sie entscheiden? Dieser Fall könnte sich in unserer Gesellschaft so oder ähnlich ereignen. Es handelt sich dabei allerdings nicht um ein authentisches Beispiel, sondern – erschrecken Sie nicht – um eine Fiktion aus dem nationalsozialistischen Propagandafilm »Ich klage an« aus dem Jahr 1941. Mit diesem Film wollten die Nazis den Boden für ihre Maßnahmen zur Vernichtung »lebensunwerten« Lebens bereiten. Lediglich einige Kirchenleute wie der katholische Bischof Clemens August Graf von Galen und auf evangelischer Seite Friedrich von Bodelschwingh leisteten Widerstand gegen die sogenannte »Aktion T4«, der 40 000 Menschen zum Opfer fielen.

Mit diesem Hinweis will ich die Debatte um »Sterbehilfe«, wie sie heute geführt wird, nicht mit dem Euthanasie-Programm des NS-Regimes vergleichen, das ja gerade nicht die Würde von Menschen im Blick hatte, sondern ihnen wegen ihrer Krankheit oder Behinderung die Lebensberechtigung absprach. Die Forderung nach Empathie für die an »Sterbehilfe« Interessierten, wie in dem Propagandafilm aufgestellt, wurde ja für das Unrecht der Nazis auf perfide Weise instrumentalisiert. Allerdings will ich darauf hinweisen, dass man sich in der gesellschaftlichen Auseinandersetzung auch heute nicht allein vom Verständnis für den jeweiligen Einzelfall leiten lassen darf, sondern die Folgen einer Liberalisierung des Strafrechts in diesem Punkt bedenken muss.

Denn wer sagt, dass eine Debatte über »Sterbehilfe« nicht schnell zu einer Debatte über die Kosten der Behandlung von Schwerkranken und Behinderten wird? Robert Spaemann schreibt dazu: »Wo das Gesetz es erlaubt und die Sitte es billigt, sich zu töten oder sich töten zu lassen, da hat plötzlich der Alte, der Kranke, der Pflegebedürftige alle Mühen, Kosten und Entbehrungen zu verantworten, die seine Angehörigen, Pfleger und Mitbürger für ihn aufbringen müssen. Nicht Schicksal, Sitte und selbstverständliche Solidarität sind es mehr, die ihnen dieses Opfer abverlangen, sondern der Pflegebedürftige selbst ist es, der sie ihnen auferlegt, da er sie ja leicht davon befreien könnte. Er lässt andere dafür zahlen, dass er zu egoistisch und zu feige ist, den Platz zu räumen. – Wer möchte unter solchen Umständen weiterleben? Aus dem Recht zum Selbstmord wird so unvermeidlich eine Pflicht.«[16]

Vor diesem Hintergrund kann ich nur warnen vor den Entwicklungen, wie sie sich in anderen europäischen Ländern wie den Niederlanden oder Belgien vollzogen haben. Die staatliche Duldung praktizierter »Sterbehilfe« wurde hier vom Gesetzgeber legitimiert und in der Praxis ständig ausgeweitet – bis hin zur Tötung von schwerstbehinderten Kindern. Bereits 2001 ließen sich in den Niederlanden 2,5 Prozent der Todesfälle auf aktive »Sterbehilfe« zurückführen; in etwa einem Viertel der Fälle erfolgte diese ohne ausdrückliche Einwilligung der Patienten. Immer mehr zeigt sich: Die vorgeschriebenen Regularien, bei deren Einhaltung »Sterbehilfe« straffrei bleibt, werden vielfach nicht eingehalten.

Diesen Bedenken stehen freilich Bedenken gegen die Unterwerfung Schwerkranker unter die Apparatemedizin gegenüber. Nicht nur ältere Menschen sagen mir, dass sie nicht alle lebenserhaltenden Maßnahmen in Anspruch nehmen wollen, dass sie regelrecht Angst davor haben, zu einem Objekt der Apparatemedizin zu werden. Auch die EKD hat jüngst darauf hingewiesen, dass es nach Auffassung der christlichen Ethik keine Verpflichtung des Menschen zur Lebensverlängerung um jeden Preis gibt, auch kein ethisches Gebot, die therapeutischen Möglichkeiten der Medizin bis zum Letzten auszuschöpfen. Einen Menschen sterben zu lassen sei bei vorher verfügtem Patientenwillen nicht nur gerechtfertigt, sondern geboten. Denn zur Endlichkeit des Lebens gehöre auch, dass man das Herannahen des Todes zulässt, wenn die Zeit dafür gekommen ist.

Nicht töten, aber sterben lassen
Dabei ist mir die Betonung von »sterben lassen« wichtig. Es ist ein Unterschied, ob man schwer kranke Menschen sterben lässt oder ob man sie tötet. »Wer tötet, überwältigt den Organismus von außen mit einer schädigenden Einwirkung. Wer einen Patienten sterben lässt, hört auf, sich dem Sterben in den Weg zu stellen« (Michael Herbst).[17] Hier muss auch vom Gesetzgeber der Unterschied gemacht werden. Auch als Nicht-Mediziner ist mir klar, dass die Grenze nicht immer leicht zu ziehen ist, doch alles andere würde einem ethischen Dammbruch Tür und Tor öffnen und zu einer Entwicklung führen, bei der alte und kranke Menschen unter Druck gesetzt werden können, ihrem Leben ein Ende zu bereiten. Erst im Juni 2010 hat der Bundesgerichtshof hierzu eine wichtige Entscheidung getroffen. Demnach ist der Abbruch einer lebenserhaltenden Behandlung dann nicht strafbar, wenn ein Patient dies zuvor in einer Patientenverfügung festgelegt hat. Im kon-

kreten Fall ging es um das Durchschneiden eines Schlauchs, der zur künstlichen Ernährung diente. Das Unterbrechen der künstlichen Ernährung sei zwar rein äußerlich betrachtet ein aktives Tun, urteilten die Richter. Dadurch werde aber eine Behandlung gegen den Patientenwillen beendet und der Zustand hergestellt, der dem »natürlichen« Sterben eines Menschen entspreche. Die EKD hat dieses Urteil begrüßt, aber in einer Presseerklärung gleichzeitig festgestellt: »Demgegenüber ist und bleibt die gezielte Tötung eines Menschen in der letzten Lebensphase aus christlicher Sicht ethisch nicht vertretbar, auch wenn sie auf seinen ausdrücklichen Wunsch hin erfolgt. Gesetzliche Regelungen und gesellschaftliche Konventionen, die der Tötung auf Verlangen oder der Beihilfe zur Selbsttötung den Weg ebnen, sind ein Irrweg, den die christlichen Kirchen entschieden ablehnen. Sie werden sich auch in Zukunft dafür einsetzen, dass an den bestehenden gesetzlichen Regelungen zur Tötung auf Verlangen festgehalten wird und keine Lockerung erfolgt.« Denn es darf nicht dazu kommen, dass die Debatte um Schwerstkranke irgendwann einmal unter wirtschaftlichen Gesichtspunkten geführt wird.

Vor diesem Hintergrund müssen der Staat, die Kirchen und andere gesellschaftliche Organisationen dafür sorgen, dass die Umstände für das Sterben wirklich so gestaltet werden, dass der letzte Lebensabschnitt in Würde begangen werden kann. Dabei leisten Alten- und Pflegeheime meist eine wunderbare Arbeit. Besondere Bedeutung kommt in diesem Zusammenhang den Hospizvereinen mit ihren zahlreichen ehrenamtlichen Helfern zu: Die Hospizbewegung wurde Ende der 1960er Jahre ganz bewusst als Gegenbewegung zur aktiven »Sterbehilfe« gegründet. Sie hat sich auch stark für die Entwicklung der Palliativmedizin eingesetzt, mit der die Schmerzen sterbenskranker Menschen gelindert werden sollen. Viele Menschen, die hier aktiv sind, haben die Erfahrung gemacht: Wenn die Angst vor einem schmerzvollen Tod genommen wird, sinkt auch der Wunsch nach aktiver »Sterbehilfe«, der oft nichts anderes als ein Schrei um Hilfe ist. »Du sollst nicht töten« – das heißt, dass wir den Schutz des Lebens ernst nehmen, vom Anfang des Lebens bis zu seinem Ende.

6. Gebot

Du sollst nicht ehebrechen.

»Es ist nicht gut, dass der Mensch allein sei.« So heißt es schon ganz am Anfang der Bibel (1. Mose 2,18). Aus diesem Grund stellt Gott Adam eine Frau zur Seite, mit der er eine ganz innige Beziehung pflegen soll: »Darum wird ein Mann seinen Vater und seine Mutter verlassen und seiner Frau anhangen, und sie werden ein Fleisch sein« (1. Mose 2,24). Hier drückt sich etwas von der Besonderheit der Ehe aus, die darum auch eines besonderen Schutzes bedarf – eben durch das 6. Gebot.

Nun ist es üblich geworden, dass über die Ehe viele Witze gemacht werden; ich denke an den Filmemacher Woody Allen, der einmal gesagt hat: »Die Ehe ist der Versuch, die Probleme zu zweit zu lösen, die man alleine nie gehabt hätte.« Selbstverständlich ist die Ehe eine Herausforderung. Auch wenn die Ehe eine Ordnung ist, die wie gerade beschrieben aus dem Paradies stammt, muss an dieser besonderen Beziehung immer wieder gearbeitet werden. Dennoch halte ich es lieber mit Martin Luther als mit Woody Allen, der über seine Frau Katharina von Bora sagte: »Ich achte meine Frau teurer denn das Königreich Frankreich und die Herrschaft Venedig.«

Meine Frau ist in jeder Hinsicht ein Glücksfall

Ich habe das Glück, mit meiner Frau Marga den idealen Partner an meiner Seite gefunden zu haben. Wir haben 1973 in der Gustav-Adolf-Kirche in Nürnberg geheiratet und unsere Ehe mit einem Trauspruch aus dem Römerbrief begonnen: »Der Gott aber der

Geduld und des Trostes gebe euch, dass ihr einträchtig gesinnt seid untereinander nach Jesus Christus, auf dass ihr einmütig mit einem Munde lobt Gott, den Vater unseres Herrn Jesus Christus. Drum nehmt einander an, gleichwie uns Christus hat angenommen zu Gottes Lob« (Römer 15,5-7). In der Kirchengemeinde hatten wir uns zwei Jahre vorher kennengelernt, und zwar im Kirchenvorstand, wo wir uns zunächst fleißig stritten: Ich kam aus dem eher konservativen CVJM, sie aus der weiblichen Jugend, die uns nicht fromm genug war. Zudem war ich politisch in der CSU aktiv, sie neigte eher zur SPD. Manchmal dauerten unsere Kontroversen so lange, dass wir gebeten wurden, unsere Diskussionen doch an anderer Stelle weiterzuführen, was wir dann unter anderem in einer Pizzeria ausgiebig taten. Mit dem bekannten Ergebnis.

Zugegeben: Meine Frau hatte es sicher nicht immer leicht mit mir. Schließlich übernahm sie einen Großteil der familiären Aufgaben, kümmerte sich rührend um unsere Kinder und verstand es auch, dem Politiker Beckstein immer wieder den Rücken freizuhalten. Natürlich hat sie mir hin und wieder Vorhaltungen wegen der vielen Termine an Abenden oder am Wochenende gemacht. Trotzdem hat sie mir mit ihrem großen Verständnis stets Freiraum für meine beruflichen Verpflichtungen und mein politisches Engagement geschaffen. Einen gewissen Ausgleich ermöglichten wir uns dadurch, dass sie mich auf öffentliche Veranstaltungen begleitete (als überzeugte Fränkin freilich nicht im Dirndl). Und mit Stolz konnte ich in den vielen Jahren unserer Ehe feststellen: Nicht nur als Ehefrau, sondern auch als Gastgeberin und Begleiterin macht sie eine hervorragende Figur. Meine Frau ist in jeder Hinsicht ein Glücksfall.

Wie bereits erwähnt übernahm meine Frau den größten Teil der Kindererziehung. Ich konnte mich hier ganz auf sie verlassen, bedauere es aber natürlich, dass ich selbst nicht mehr Zeit mit meinen Kindern verbringen konnte. Ich erinnere mich gleichwohl an sehr schöne und sehr intensive Momente mit unseren Kindern – Momente, die es mir anschließend umso schwerer machten, mich wieder mit voller Konzentration den Aufgaben des Abgeordneten und Regierungsverantwortlichen zu widmen. Ich möchte es so beschreiben: In meiner Brust schlagen zwei Herzen. Das eine schlägt ohne Zweifel für meine Familie und das andere für meine Arbeit. Da meine Familie Verständnis hat und mich nach Kräften unterstützt, kann ich mich glücklich schätzen, beiden Herzensanliegen nachgehen zu können. Das ist für mich der Idealfall. Insofern ist für mich persönlich die Familie die wichtige Stütze im Hintergrund. Hier erfahre ich die Zuwendung und Menschlichkeit, die mich dazu befähigt, auch in der Arbeit als Politiker Mensch zu bleiben. Aus diesem sehr persönlichen Grund stehe ich fest hinter den Institutionen Ehe und Familie.

Die Ehe – eine gute Gabe Gottes

Es sind jedoch nicht nur die guten eigenen Erfahrungen, die mich daran festhalten lassen. Es ist auch der christliche Glaube, der mich dazu anhält. Denn die Ehe – die Beziehung zwischen Mann und Frau in Liebe und Treue – und die Familie sind Gabe und Aufgabe Gottes. Schließlich heißt es im Schöpfungsbericht der Bibel auch: »Seid fruchtbar und mehret euch« (1. Mose 1,28). In Ehe und Familie übernehmen Menschen Verantwortung füreinander. Hier werden Werte gelebt, die für die ganze Gesellschaft von Bedeutung sind. Hier werden Nächstenliebe und Treue praktiziert, hier wird miteinander Freud und Leid geteilt und um des anderen willen auf etwas verzichtet. Der Theologe Claus Westermann (1909–2000) hat dazu in einem Bibelkommentar geschrieben: »Der Mensch ist so von Gott geschaffen, dass er des gegenseitigen Helfens bedarf, und so, dass dieses Helfen ein Wesensbestandteil seines Menschseins ist.« Ich denke, es gibt wenige Themen in der Politik, die gleichzeitig so wichtig sind und in der Öffentlichkeit lange Zeit so stiefmütterlich behandelt wurden wie die Bedeutung von Ehe und Familie für unsere Gesellschaft. Da wurde und wird über die Abschaffung des Ehegattensplittings im Steuerrecht nachgedacht, obwohl hinter diesem Prinzip der Gedanke einer Verantwortungsgemeinschaft steht. Da wurde und wird die Mitversicherung von Ehegatten in der gesetzlichen Krankenversicherung als »versicherungsfremde Leistung« benannt, obwohl Eltern gerade für den Weiterbestand der Sozialversicherung sorgen. Da wird das Unterhalts- und Versorgungsrecht dergestalt reformiert, dass jeder für sich selbst zu sorgen hat, was ebenfalls die Verantwortungsgemeinschaft von Ehe und Familie unterläuft. Das alles mit der Folge, dass die Ansprüche an den Staat steigen, weil an ihn die Verpflichtung weitergereicht wird, füreinander zu sorgen. Da wird in der Parlamentarischen Versammlung des Europarats ernsthaft darüber diskutiert, ob die Bezeichnung »Mutter« nicht ein »sexistisches Stereotyp« sei, gegen das man vorgehen müsse ...

Die Aushöhlung der Ehe kann freilich auch durch einen so eingängigen Satz geschehen wie: »Familie ist, wo Kinder sind.« Klingt plausibel, bedeutet aber zum einen, dass die Besonderheit der Ehe im Vergleich zu anderen Lebensformen aufgegeben wird, und zum anderen, dass die bereits im 4. Gebot angesprochene Verantwortung erwachsener Kinder für ihre Eltern aus dem Blick gerät. Wir müssen uns nicht wundern, dass die kontinuierliche Geringschätzung von Ehe und Familie dazu beigetragen hat, dass wir immer weniger Kinder haben. »Die westliche Welt hat ihre Ablehnung von Traditionen, ihren Individualismus und ihre Befreiungsthemen über Jahrzehnte gelebt häufig auf Kosten tradierter Ordnungen – nun zeigen sich Risse im Fundament« (Udo di Fabio).

Die Zahlen sprechen leider eine deutliche Sprache: Die Zahl der Eheschließungen sinkt seit Jahren. Haben sich in den 1980er-Jahren jährlich etwa 500 000 Paare das Ja-Wort gegeben, so ist diese Zahl inzwischen um gut ein Fünftel auf rund 380 000 gesunken. Dem standen zuletzt rund 200 000 Scheidungen gegenüber. Zum Vergleich: Nach dem ersten großen Anstieg der Scheidungszahlen in den 1970er-Jahren wurden 1980 rund 140 000 Ehen geschieden. Der amerikanische Soziologe Amitai Etzioni kommentiert diese Entwicklung, die natürlich für viele westliche Länder gilt, so:

»Die Ehe ist für viele eine Wegwerfbeziehung geworden. Sie wird oft wie ein Mietvertrag eingegangen mit dem Vorbehalt, dass man sie ja beenden und sich nach einem neuen Objekt umsehen könnte, wenn die beteiligten Parteien nicht damit zufrieden sind. Wir wissen nicht mehr so recht, ob und wann wir heiraten sollen oder ob wir eheliche Treue erwarten dürfen. Und wenn wir Kinder in die Welt setzen, ist uns unklar, was wir ihnen schulden.« Jüngsten Statistiken ist zu entnehmen, dass fast 40 Prozent der 30–39-jährigen Frauen unverheiratet sind und sogar mehr als 50 Prozent der Männer in diesem Alter. Das Bundesinstitut für Bevölkerungsforschung hat errechnet, dass unter den Jüngeren jede dritte Frau und sogar knapp 40 Prozent der Männer niemals den Bund der Ehe eingehen werden, im Osten Deutschlands liegen diese Zahlen noch höher.

Man mag entgegnen, dass sich mit der Zeit einfach nur die Lebensformen geändert haben, dass viele junge Paare die Ehe scheuen und dennoch bereit sind, Verantwortung füreinander zu übernehmen. Diese gute Absicht ist meist auch nicht zu bestreiten. Doch die Zahlen sprechen auch hier eine ganz eigene Sprache. Untersuchungen zufolge werden innerhalb der Ehe deutlich mehr Kinder geboren als in nicht-ehelichen Lebensgemeinschaften. So hat eine Studie aus den USA aus dem Jahr 2007 ergeben, dass nur 22 Prozent der Ehen kinderlos sind, aber 61,4 Prozent der nicht-ehelichen Lebensgemeinschaften. Während der Unterschied bei Ein-Kind-Familien nur gering ausfällt, wachsen zwei oder mehr Kinder in Ehen dreimal so häufig auf als in nicht-ehelichen Lebensgemeinschaften. Das liegt natürlich zum Teil daran, dass sich manche Partner erst nach der Geburt eines oder mehrerer Kinder zur Heirat entscheiden. Doch es liegt auch daran, dass die Ehe eben der institutionelle Rahmen ist, in dem Menschen füreinander und für andere Verantwortung übernehmen. Das Ergebnis der Studien lautet demnach: »Marriage matters« – die Institution Ehe hat Bedeutung. Von daher gibt es nach wie vor gute Gründe dafür, dass nur die Ehe und nicht das »g'schlamperte Verhältnis«, wie wir in Bayern sagen, unter dem besonderen Schutz unserer Verfassung steht (Artikel 6,1 GG). Ich weiß auch von den eigenen Kindern, dass die Frage der Eheschließung nicht am Beginn einer Beziehung steht, habe mich aber sehr gefreut, dass unser Sohn Frank im November 2009 seine langjährige Freundin geheiratet hat – und wünsche mir das auch für unsere beiden anderen Kinder.

Wie ist das mit Scheidungen?

Natürlich: Eine Ehe ist ein Wagnis. »Sicher sein« kann man sich da nie, auch wenn sich viele Paare diese Sicherheit wünschen. Als Christ weiß ich, dass man seine Ehe unter den Schutz Gottes stellen kann. Doch zu einer guten Ehe gehört auch, dass man sie pflegt. Manchmal kann man schon den Eindruck gewinnen, als nähmen sich Menschen weit mehr Zeit für ihr Auto oder ihr Haus als für ihre Ehe. Und dann wundern wir uns, dass sich so viele Paare scheiden lassen! Ich habe als Anwalt jahrelang Scheidungsrecht gemacht. Ich weiß, dass es Situationen gibt, in denen man aus rein menschlicher Sicht sagen muss, es ist besser, dass eine Ehe geschieden wird, als dass man sich gegenseitig das Leben zur Hölle macht. Das sage ich durchaus im Bewusstsein des Gebotes Jesu, der sagt: »Was Gott zusammengefügt hat, das soll der Mensch nicht scheiden« (Matthäus 19,6). Ähnlich wie zum 5. Gebot äußert sich Jesus in der Bergpredigt auch markant zum Thema Ehebruch: »Ihr habt gehört, dass gesagt ist ›Du sollst nicht ehebrechen‹. Ich aber sage euch: Wer eine Frau ansieht, sie zu begehren, der hat schon mit ihr die Ehe gebrochen in seinem Herzen. Wenn dich aber dein rechtes Auge zum Abfall verführt, so reiß es aus und wirf's von dir. Es ist besser für dich, dass eins deiner Glieder verderbe und nicht der ganze Leib in die Hölle geworfen werde. Wenn dich deine rechte Hand zum Abfall verführt, so hau sie ab und wirf sie von dir. Es ist besser für dich, dass eins deiner Glieder verderbe und nicht der ganze Leib in die Hölle fahre. Es ist auch gesagt ›Wer sich von seiner Frau scheidet, der soll ihr einen Scheidebrief geben‹. Ich aber sage euch: Wer sich von seiner Frau scheidet, es sei denn wegen Ehebruchs, der macht, dass sie die Ehe bricht; und wer eine Geschiedene heiratet, der bricht die Ehe.« (Matthäus 5,27-32). Das sind deutliche Worte, die die Intention Gottes deutlich machen: Sie zeigen, dass Ehebruch nicht erst mit dem konkreten Seitensprung beginnt und dass wir Scheidung nicht auf die leichte Schulter nehmen dürfen. Meines Erachtens ist aber auch zu sehen, wie Jesus die auf frischer Tat ertappte Ehebrecherin behandelt, die nach damaligem Recht gesteinigt werden sollte. Den Anklägern wirft er das Wort zu: »Wer unter euch ohne Sünde ist, der werfe den ersten Stein« (Johannes 8,7). Nachdem alle anderen gegangen sind, sagt er zu der Frau: »So verdamme ich dich auch nicht; geh hin und sündige hinfort nicht mehr.« Der Ehebruch wird damit nicht gerechtfertigt, aber die Ehebrecherin nicht verurteilt.

Vor diesem Hintergrund erlaubt die evangelische Kirche auch die Wiederverheiratung Geschiedener. Nicht um zu sagen, dass damit Scheidungen erlaubt wären. Aber im Wissen, dass Menschen immer wieder an den Geboten Gottes scheitern und ein Neuanfang im Wissen und im Bekenntnis der eigenen Schuld möglich ist. Es reicht mir freilich nicht zu sagen, dass einem das Geschenk einer lebenslangen Ehe nicht vergönnt gewesen sei – selbst wenn der Satz von einer prominenten Protestantin stammt. Es geht nicht nur um ein Geschenk. Wir müssen vielmehr den jungen Leuten (aber nicht nur ihnen) sagen: »Strengt euch an, dass eure Ehe auf Dauer gelingt, haltet durch, auch wenn es Tiefen gibt. Und so schön die andere Frau oder der andere Mann gerade auf euch wirken mag – ihr habt bewusst zueinander Ja gesagt und damit Verantwortung füreinander übernommen.« Es gibt Paarberater, die sagen, dass jede Ehe zu retten ist, wenn denn beide Partner das wollen. Probleme in Ehen müssen angesprochen und dürfen nicht unter den Teppich gekehrt werden. Je länger man wartet, desto schwieriger wird es. Von daher sehe ich auch eine wichtige Aufgabe für unsere

Kirchen und Gemeinden, Ehen zu stärken, indem sie Eheseminare anbieten und Menschen in Ehekrisen beistehen, anstatt ihnen vorwurfsvoll oder gar verächtlich zu begegnen. Es belastet mich, dass evangelische Pfarrer inzwischen häufiger geschieden sind als der Durchschnitt der Bevölkerung. Der Staat kann Eheversprechen nicht durch staatliche Sanktionen unterstützen; insofern war es richtig, den Ehebruchs-Tatbestand 1969 aufzuheben. Gleichzeitig müssen wir aber immer wieder betonen, welche große Bedeutung die Ehe für die individuelle Lebensgestaltung und damit indirekt auch für das Selbstverständnis einer ganzen Gesellschaft hat. Ehen sollen daher, wo es nur geht, gestärkt werden.

An die Kinder denken

Zumal von Scheidungen meist auch Kinder betroffen sind. Jedes Jahr erleben etwa 200 000 Kinder, dass sich ihre Eltern trennen (150 000 durch Scheidung, weitere ca. 50 000 durch die Trennung nicht-ehelicher Beziehungen). Manche moderne Forscher wollen uns zwar weismachen, dass Kinder in ihrer Entwicklung davon nicht beeinträchtigt werden, sprechen sogar davon, dass sie im Erwachsenenalter aus der elterlichen Scheidung sogar eine Bereicherung erfahren könnten. Da wird dann summarisch die Vorstellung, Kinder würden sich nur bei verheirateten leiblichen Eltern optimal entwickeln, als wissenschaftlich überholt bezeichnet: »Vielmehr sei davon auszugehen, dass eine gesunde psychosoziale Entwicklung mit einem breiten Spektrum familialer Lebensformen vereinbar ist« (zitiert nach dem 7. Familienbericht der Bundesregierung aus dem Jahr 2006). Wer jedoch einmal mit Lehrern spricht, kann sich schnell ein anderes Bild davon machen, welche Folgen die Trennung der Eltern für viele Kinder hat. Auch der bereits zitierte Familienbericht zählt Scheidungen zu den »am meisten belastenden Lebensereignissen für Kinder«. Insbesondere die anfängliche Phase der Elterntrennung sei »für die große Mehrheit der betroffenen Kinder recht belastend«, zumal die meisten

Kinder »auf die Elterntrennung emotional nicht vorbereitet« seien. Trennungen der Eltern würden das Selbstwertgefühl der Kinder, ihre sozialen und kognitiven Kompetenzen sowie ihre schulischen Leistungen beeinträchtigen. Scheidungskinder würden »vermehrte Tendenzen zu externalisierenden und internalisierenden Bewältigungsstrategien« zeigen, also häufiger psychisch auffällig werden. Unstrittig ist inzwischen auch, dass die Beziehungsfähigkeit der Kinder unter einer Scheidung leidet, sodass Kinder aus Scheidungsfamilien später selbst dazu tendieren, langfristige Bindungen zu vermeiden, und seltener Ehen eingehen. Auch das Scheidungsrisiko von Scheidungskindern ist höher: Nach einer Studie, die auf Daten des Familiensurveys 2000 des Deutschen Jugendinstituts basiert, liegt die Scheidungsquote bei Kindern, die bei ihren leiblichen Eltern aufgewachsen sind (15 Jahre nach der Eheschließung) bei 15,7 Prozent, bei Kindern, die wegen der Scheidung bei einem Elternteil aufgewachsen sind, dagegen bei 28,4 Prozent. Wer an seine Kinder denkt, sollte es sich daher genau überlegen, ob er sich scheiden lässt, und stattdessen den Mut aufbringen, zu einer Eheberatung oder Eheseelsorge zu gehen.

Ehe versus Lebenspartnerschaft

Gefährdet sind Ehe und Familie heute aber nicht nur durch die hohe Zahl von Scheidungen, sondern auch durch die Tendenz in Politik und Gesellschaft, andere Lebensformen der Ehe gleichzustellen. Hier ist vor allem an das Lebenspartnerschaftsgesetz der rot-grünen Bundesregierung zu erinnern, das im Jahr 2001 in Kraft getreten ist. Die bayerische, die sächsische und die thüringische Staatsregierung hatten vor dem Bundesverfassungsgericht ein Normenkontrollverfahren gegen dieses Gesetz angestrengt. Unserer Meinung nach wurde durch das neue Gesetz das sogenannte »Abstandsgebot« zwischen der vom Grundgesetz geschützten Ehe und dieser anderen Lebensform nicht eingehalten. Im Vordergrund stand die nüchterne Überlegung, dass es für unsere Gesellschaft entscheidend ist, dass sie über die herkömmliche Familie aufrechterhalten wird. Von daher sind Unterschiede in der Behandlung verschiedener Lebensformen gerechtfertigt, ja sogar verlangt. Mit dieser Position sahen wir uns in Übereinstimmung mit der bis dahin geltenden Rechtsprechung des Verfassungsgerichts, das dem Schutz von Ehe und Familie im Grundgesetz eine besondere Institutsgarantie zuerkannt hatte: »Dabei ist institutioneller Schutz auch immer Schutz vor Nivellierung im Vergleich zu anderen Lebens- und Sozialformen; die Institution (Ehe und Familie) wird in ihrer Besonderheit, das heißt auch in ihrem Anderssein, hervorgehoben und geschützt, gegen gesetzliche Einebnung steht deshalb ein Differenzierungsgebot« (Udo di Fabio). Auch die EKD sprach sich damals mit Blick auf die Ehe gegen das Gesetz aus.

Leider stieß unsere Position nur bei drei der acht Richter des 1. Senats (Hans-Jürgen Papier, Evelyn Haas, Udo Steiner) auf Gegenliebe. Hans-Jürgen Papier, damals Vizepräsident des Bundesverfassungsgerichts, schrieb in einem Sondervotum: »Das in Art. 6 Abs. 1 GG gewährleistete Institut der Ehe ist nicht nur dem Namen nach, sondern in seinen strukturbildenden Merkmalen vor beliebigen Dispositionen des Gesetzgebers geschützt. Schafft der Gesetzgeber, wenn auch unter einem anderen Namen, eine rechtsförmlich ausgestaltete Partnerschaft zwischen zwei gleichgeschlechtlichen Personen, die im Übrigen in Rechten und Pflichten der Ehe entspricht, so missachtet er hierdurch ein wesentliches, ihm durch Art. 6 Abs. 1 GG vorgegebenes Strukturprinzip.« Papiers Warnung, das Gericht setze »keinerlei Grenzen für eine substanzielle Gleichstellung mit der Ehe«, erweist sich im Nachhinein leider mehr und mehr als zutreffend. Man denke an die immer weiter reichende Gleichstellung homosexueller Lebenspartnerschaften mit der Ehe, beispielsweise im Erbrecht – siehe die entsprechende Entscheidung des Bundesverfassungsgerichts vom August 2010. Die daraus resultierenden Vorteile seien homosexuellen Partnern gerne gegönnt; das Problem ist die fortschreitenden Nivellierung der

Ehe. Es wird zunehmend unmöglich, Ehepartnern etwas Gutes zu tun, weil alle anderen mit dem Hinweis auf Gleichheit und Nicht-Diskriminierung dagegen Einspruch einlegen.

Bemerkenswert ist übrigens auch, was die damalige Richterin Evelyn Haas ihren Kollegen ins Stammbuch schrieb. Es sei, so Haas, nicht ausreichend, einfach zu behaupten, dass die Einführung der eingetragenen Lebenspartnerschaft den besonderen Schutz von Ehe und Familie nicht gefährde. Gleiche Rechte für ungleiche Paare – das gehe nicht, »da der Lebenspartnerschaft die die Ehe prägenden, ihre Exklusivität auf die Verbindung von Mann und Frau beschränkenden und ihre besondere Förderung rechtfertigenden Elemente fehlen. Denn sie ist nicht auf ein eigenes Kind hin angelegt, führt nicht zu Elternverantwortlichkeit und erbringt dadurch keinen Beitrag für die Zukunftsfähigkeit von Staat und Gesellschaft.« Genau diesen Aspekt hatten wir mit unserer Klage im Blick.

In Bayern haben wir versucht, durch eine Sonderregelung den Unterschied zwischen Ehe und eingetragenen Partnerschaften deutlich zu machen, indem diese nicht vor dem Standesamt, sondern vor einem Notar zu vollziehen sind. Die entsprechende Regelung wurde dann auf Druck der FDP in der neuen schwarz-gelben Staatsregierung in München gekippt.

Auch in der evangelischen Kirche wird seit Jahren über den Umgang mit Homosexuellen diskutiert. Auf der einen Seite stehen liberale Theologen, die sich für eine Öffnung der Kirche gegenüber Schwulen und Lesben aussprechen, auf der anderen Seite stehen theologisch konservative Gruppen, die praktizierte Homosexualität als Sünde bezeichnen. Mir fällt es schwer, hier eindeutig Position zu beziehen, da auf jeder Seite gute Argumente vorgebracht werden. Eines aber erscheint mir klar: Eine positive Sicht zur Homosexualität gibt es in der Bibel nicht. Stattdessen wird die Ehe von Mann und Frau als gottgewollt dargestellt und als der Rahmen, in dem Kinder gezeugt und großgezogen werden. Das heißt: Selbstverständlich muss die Kirche offen für homosexuell empfindende Menschen sein. Dass dazu aber auch der homosexuelle Pfarrer im Pfarrhaus gehört, wage ich zu bezweifeln. Das würde möglicherweise von vielen unserer treuen Gemeindeglieder nicht verstanden, von manchen sogar als Provokation empfunden. In der anglikanischen Kirche hat die Diskussion darüber fast schon zu einer Spaltung geführt. Ähnliches wird aus Teilen der lutherischen Kirche in den USA berichtet. Vor diesem Hintergrund kann ich hier nur zu Zurückhaltung raten.

Die Diskussion um die Anerkennung anderer Lebensformen geht freilich auch in der Politik weiter. So haben SPD, Grüne und Linke einen Vorschlag zur Änderung des Grundgesetzes eingebracht, wonach der Begriff »sexuelle Identität« in Artikel 3 GG aufgenommen werden soll, der in seiner bisherigen Fassung den Menschen vor Diskriminierung »wegen seines Geschlechts, seiner Abstammung, seiner Rasse, seiner Sprache, seiner Heimat und Herkunft, seines Glaubens, seiner religiösen und politischen Anschauungen« schützt. Damit ist dem Grundanliegen, Menschen mit unterschiedlichen sexuellen Orientierungen nicht zu benachteiligen, nach Ansicht von Verfassungsrechtlern schon Geltung getan. Durch eine Grundgesetzänderung würde allerdings ein höchst subjektiver Begriff in Verfassungsrang gehoben: Denn was alles unter »sexueller Identität« zu verstehen ist, kann eigentlich nur der Einzelne entscheiden. Provokativ gefragt: Warum sollten sich darunter nur homosexuell oder bisexuell empfindende Menschen wiederfinden und nicht auch Pädophile? Mir geht es wirklich nicht um eine Diskriminierung von Schwulen und Lesben. Als junger Rechtsanwalt habe ich Homosexuelle vertreten, die nach dem damals noch geltenden § 175 StGB angeklagt waren, der sexuelle Handlungen zwischen Männern unter Strafe stellte. Es war richtig, diesen Paragrafen zu streichen, insbesondere vor dem Hintergrund der schlimmen Verbrechen der Nationalsozialisten, unter denen viele Schwule verfolgt wurden. Nein – mir geht es um den besonderen Schutz von Ehe und Familie, der nicht dadurch immer weiter verwässert werden darf, dass andere Lebensformen aufgewertet werden.

7. Gebot

Du sollst nicht stehlen.

Der frühere Bundespräsident Roman Herzog hat einmal gesagt: »Hielten wir in Deutschland die Zehn Gebote, wir hätten ein anderes Land.« Überlegen Sie nur kurz: Was würde es konkret bedeuten, wenn niemand mehr stehlen würde? Versicherungen könnten ihre Beiträge senken, weil es keinen Versicherungsbetrug mehr gäbe. Kaufhäuser bräuchten den einkalkulierten Diebstahl nicht mehr auf ihre Preise aufzuschlagen. Unternehmen könnten sich all die Kontrollmaßnahmen sparen, mit denen sie ihre Mitarbeiter am Diebstahl von Firmeneigentum zu hindern versuchen. Wir alle müssten geringere Steuersätze zahlen, weil Steuerhinterziehung ausgeschlossen wäre. Allein diese kleine Auswahl zeigt einmal mehr, wie sinnvoll die Zehn Gebote für das Zusammenleben der Menschen sind.

Aus der Forderung »Du sollst nicht stehlen« lässt sich folgern, dass die Bibel dem Gedanken des Privateigentums grundsätzlich positiv gegenübersteht – warum sollte es sonst vor Diebstahl geschützt werden. Gerade im Alten Testament werden Reichtum und Besitz als ein Zeichen für den Segen Gottes angesehen. Lediglich an einer Stelle in der Bibel wird Gütergemeinschaft als Ideal genannt, wenn es von den ersten Christen in Jerusalem heißt: »Die Menge der Gläubigen aber war ein Herz und eine Seele; auch nicht einer sagte von seinen Gütern, dass sie sein wären, sondern es war ihnen alles gemeinsam. Es war auch keiner unter ihnen, der Mangel hatte; denn wer von ihnen Äcker und Häuser besaß, verkaufte sie und brachte das Geld für das Verkaufte und legte es den Aposteln zu Füßen; und man gab einem jeden, was er nötig hatte« (Apostelgeschichte 4, 32.34). Dieses System, das wohl mit der Erwartung zu tun hatte, dass Jesus ohnehin bald wiederkommen würde, hatte aber offensichtlich Probleme: Die Christen in Jerusalem verarmten und mussten schon bald von anderen christlichen Gemeinden finanziell unterstützt werden. Die Versuchung, sich in die soziale Hängematte zu begeben, wenn andere für einen sorgen, scheint immer schon groß gewesen zu sein. Vor diesem Hintergrund schreibt Paulus: »Wer nicht arbeiten will, der soll auch nicht essen« (2. Thessalonicher 3, 10). Dabei geht es wohlgemerkt nicht um Menschen, die nicht für sich selber sorgen können, wie Kranke, Alte und Behinderte. Nein, Paulus hat diejenigen im Blick, die sich von anderen aushalten lassen, obwohl sie selbst für ihr Auskommen sorgen könnten. Die Bibel geht sicher nicht davon aus, dass jeder seines Glückes Schmied ist, aber sie setzt auf die Eigenverantwortung des Einzelnen. Bevor wir Hilfe von anderen erwarten können, sollen wir das uns Mögliche tun. Das hat auch Folgen für die Sozialpolitik.

Das Soziale neu denken

Der Sozialstaat ist finanziell an seine Grenzen gekommen. Das größere Problem aber ist, dass wir uns über viele Jahre hinweg zu einem Versorgungsstaat entwickelt haben, der dem Menschen zwar die notwendigen Mittel zum Überleben gegeben, ihn aber gleichzeitig seiner Eigenverantwortung beraubt hat. Wir brauchen stattdessen den aktivierenden Sozialstaat, der Arbeitslose finanziell nicht dafür bestraft, wenn sie Arbeit aufnehmen, sondern dafür belohnt. Ein Beispiel sind die sogenannten »Aufstocker« beim Arbeitslosengeld II. Natürlich wäre es wünschenswert, wenn jeder Arbeitnehmer von seinem Beruf leben könnte. Doch ich denke, es ist besser, wenn Menschen zumindest einen Teil ihres Einkommens selbst erwirtschaften – und sei es in einem Niedriglohn-Job –, als vollständig auf Staatshilfe angewiesen zu sein. Nicht nur aus finanziellen Gründen, sondern auch, weil durch die Beteiligung am Arbeitsmarkt die Chance auf weitere und gegebenenfalls besser bezahlte Beschäftigungen wächst und weil Arbeit auch konstitutiv ist für unser persönliches Gefühl von Würde.

In diesem Zusammenhang wird von den Gewerkschaften die Forderung nach Mindestlöhnen eingebracht. Das hat insoweit seine Berechtigung, als durch gewisse Lohnuntergrenzen verhindert werden muss, dass Arbeitgeber ihre Mitarbeiter auf Kosten der Allgemeinheit ausbeuten, nach dem Motto: Wenn wir etwas weniger zahlen, stockt der Staat schon auf. Ich plädiere vor diesem Hintergrund für einen allgemeinen gesetzlichen Mindestlohn, um Arbeitnehmer in Deutschland vor Lohndumping zu schützen. Die Schwierigkeit besteht darin, das richtige Maß für einen solchen Mindestlohn zu finden. Denn manche Arbeiten sind nicht so produktiv, dass sie Mindestlöhne von beispielsweise 7,50 Euro tragen. Das kann sich jeder an folgendem Gedanken klarmachen: Viele Haushalte sind (bzw. wären) bereit, Dienstleistungen außer Haus zu vergeben, zum Beispiel das ungeliebte Bügeln. Allerdings nur, wenn der Preis dafür nicht zu hoch ist. Für den Preis aber sind die Lohnkosten entscheidend. Liegen die zu hoch, wird fleißig weiter zu Hause gebügelt.

Gerade in der katholischen Soziallehre wurde – auch mit Blick auf das 7. Gebot – über die Frage nach einem »Gerechten Lohn« debattiert: Arbeitgeber sollten ihre Mitarbeiter schließlich nicht um den gerechten Anteil am Erwirtschafteten bringen. In Sozialenzykliken wurde zum Teil sogar vorgeschlagen, den Lohn zu differenzieren, je nachdem, ob ein Mitarbeiter Single ist oder ob er damit eine Familie zu ernähren hat. Eine solche Differenzierung wirkt auf den ersten Blick sympathisch, auch wenn sie dem Prinzip »Gleicher Lohn für gleiche Arbeit« widersprechen würde. Wenn man sich aber die wirtschaftlichen Folgen ausmalt, stellt man fest, dass Familienväter dadurch gegenüber Singles im Arbeitsleben benachteiligt wären, ganz einfach weil sie teurer für die Firmen wären. Dieser Hinweis gilt auch in anderen Fragen: Manche bestehenden Vorschriften im Sozialrecht erweisen sich als kontraproduktiv, weil sie die Beschäftigungschancen von Älteren, Behinderten oder Familien verringern. Nicht alles, was gut gemeint ist, ist auch gut gemacht.

Was Soziale Gerechtigkeit heute bedeutet

Was unsere Sozialpolitik angeht, plädiere ich zunächst einmal für die Bereitschaft zur sachlichen und rückhaltlosen Analyse des Status quo. Wir können einerseits feststellen, dass der Sozialstaat im Kern funktioniert. Wir müssen aber andererseits auch zur Kenntnis nehmen, dass immer mehr Menschen das Gefühl haben, es gehe in Deutschland ungerecht zu. Das Institut für Demoskopie Allensbach berichtet, dass 75 Prozent der Menschen im Jahr 2008 die wirtschaftlichen Verhältnisse hierzulande als nicht gerecht empfanden, 1995 lag diese Zahl bei 43 Prozent. Diese Zahlen sind sicher manchmal das Resultat der typisch menschlichen Schwäche, sich zu kurz gekommen zu fühlen. Sie haben aber in vielen Fällen auch ihre ganz konkrete Grundlage. Wenn wir zum Beispiel einzelne Banken mit Steuergeldern und Staatsgarantien retten, damit dieselben Banken kurz darauf Bonuszahlungen in Millionenhöhe an ihre Manager ausschütten, oder wenn wir sehen, dass in den 1970er-Jahren ein Vorstandsvorsitzender eines Großkonzerns etwa das 30-Fache eines Konzernmitarbeiters verdiente, im Jahr 2001 aber das 350-Fache, dann brauchen wir uns nicht zu wundern, wenn in der Bevölkerung ein Gefühl von Ungerechtigkeit aufkommt.

Das zeigt zum Zweiten: Wir brauchen eine konzertierte Verantwortungsoffensive aller in Politik und Wirtschaft Tätigen. Die beispielhaft genannten Fehlentwicklungen müssen einer neuen Verantwortungskultur weichen. Leistungsträger in der Wirtschaft sollen viel verdienen, das ist in Ordnung. Aber der Verdienst sollte so ausfallen, dass er der erbrachten Leistung nach menschlichem Ermessen auch noch entsprechen kann. Ein einzelner Mensch kann nicht das 350-Fache von einem anderen Menschen leisten, das geht nicht. Hier wünsche ich mir mehr Maßhalten. Meine Forderung nach einer neuen Verantwortungskultur betrifft aber auch die Politik: Je schwieriger die wirtschaftliche Situation wird, desto populistischer werden die Töne aus der linken Ecke. Der alte Traum von der Verteilungsgerechtigkeit wird wiederbelebt – ein Traum, dessen Realisierung jene verheerenden sozialen und wirtschaftlichen Folgen hätte, die er in der DDR tatsächlich gehabt hat. Es muss nicht gleichmacherisch zugehen in unserem Land – gerecht muss es sein!

Soziale Gerechtigkeit ist Leistungsgerechtigkeit *plus* Solidarität mit den Schwachen. Soziale Gerechtigkeit bedeutet den Vorrang der Eigeninitiative vor der Fremdinitiative, vor der Initiative des Staates. Und Soziale Gerechtigkeit ist Chancengerechtigkeit, die unabhängig vom Elternhaus ist und sich alleine nach dem Kriterium der Leistung und der Eignung richtet. Dabei ist Bildung der zentrale Faktor, um Chancengerechtigkeit zu ermöglichen.

Als Christ bin ich schließlich davon überzeugt, dass wir das Soziale nur dann richtig neu denken, wenn wir uns dabei auf einen wesentlichen Grundsatz unseres Glaubens stützen: Den Grundsatz von der Unveräußerlichkeit der menschlichen Würde, weil jeder Mensch Ebenbild Gottes und damit jedem Menschen in seinem Wert ebenbürtig ist. Aus diesem Grundsatz resultieren Werte wie der Respekt voreinander, Rücksichtnahme, Solidarität mit den Schwachen, die Verantwortung des Einzelnen für sich selbst und für andere, das Recht auf Individualität oder auch Barmherzigkeit, Verzeihen und Versöhnung. Diese Werte sind es auch, die Grundlage sein müssen für den Sozialstaat des 21. Jahrhunderts.

Jesus sagt in der biblischen Geschichte vom Weltgericht: »Was ihr getan habt einem unter diesen meinen geringsten Brüdern, das habt ihr mir getan« (Matthäus 25,40). Diese Aufforderung ergeht an einen jeden von uns. Schon immer haben sich Christen daher verpflichtet gesehen, den Ärmsten zu helfen. Wir können dankbar sein für die Dienste von Caritas, Innerer Mission und Diakonie, die für fast alle Situationen, bei denen Menschen in sozialer Not sind, Hilfen anbieten. Oder für die Angebote der Tafeln, für die sich Ehrenamtliche genauso wie Unternehmen engagieren. In Nürnberg, wo ich Schirmherr der Aktion bin, sammeln mehr als 100 Frauen und Männer von Supermärkten, Bäckereien und Großhändlern gesunde Nahrungsmittel und andere Waren des täglichen Bedarfs ein, sortieren sie und geben sie dann an Bedürftige weiter. Allen Mitarbeitern sei gedankt, denn sie sind es, die den Dienst am Geringsten in unserer Gesellschaft mit großer Perfektion und Liebe ausüben.

Trotzdem sage ich: Wir sollten uns darum bemühen, diesen Dienst der Diakonie wieder stärker in die Kirchengemeinden vor Ort zu holen, denn schließlich werden wir alle angesprochen. Wir können uns nicht einfach dadurch entlasten, dass andere die Aufgabe der tätigen Nächstenliebe übernehmen, sondern wir persönlich werden gefragt, ob wir unserer Verantwortung gerecht geworden sind, indem wir dem Nächsten Speise gegeben haben, wenn er hungrig war.

Wenn es hier heißt »Ich war hungrig und ihr habt mich gespeist« – in wem begegnen wir heute Gott, wenn wir den Hungrigen treffen? Meine Erfahrung ist, dass selbst in unserem reichen Land der Hunger unerwartet viele und unerwartet verschiedene Gesichter hat. In einer Stadt wie München, wo eigentlich der Reichtum zu Hause ist, habe ich vor Kurzem eine 82-jährige Seniorin besucht. Sie hatte mir am Telefon keine Ruhe gelassen, weil sie mit mir einmal reden wollte. Es hat mich tief bewegt, wie sie mir dabei erzählt hat, wie dankbar sie für ein Stück Kuchen war, das sie wenige Tage zuvor bekommen hatte – ein Stück Kuchen, das sie sich nicht mehr leisten kann.

Eigentum verpflichtet

Eigentum soll geschützt werden. Zum einen, weil das Eigentum ein zentraler Bestandteil einer freiheitlichen Wirtschaftsordnung ist, zum anderen, weil gesicherte Eigentumsrechte überhaupt erst die Grundlage für ein funktionierendes Wirtschaften sind: Wenn ich Angst haben muss, dass mich der Staat enteignet oder mein Geschäftspartner betrügt, werde ich wirtschaftliche Risiken nicht eingehen. Zum Dritten kommt hinzu, dass mit Eigentum auch Verantwortung verbunden ist. Mit ihrem persönlichen Eigentum gehen Menschen in der Regel sorgsamer um als mit Allgemeineigentum. Schließlich ist Privateigentum ein Anreiz zu hohen Leistungen, die über den persönlichen Nutzen zu allgemeinem Wohlstand führen können. Der Wirtschaftswissenschaftler Friedrich Hanssmann unterstreicht das mit einer schönen Anekdote aus der Zeit des Kommunismus: »Westliche Besucher besichtigten eine Fabrik in einem kommunistischen Land und befragten die Arbeiter: Wem gehört die Fabrik? Antwort: Uns. – Und wem gehört der Wagen draußen auf dem Parkplatz? Antwort: Unserem Chef. Umgekehrt besichtigten Besucher aus einem kommunistischen Land eine Fabrik im Westen. Sie fragten die Arbeiter: Wem gehört die Fabrik? Antwort: Unserem Chef. – Und wem gehören die vielen Wagen draußen auf dem Parkplatz? Antwort: Uns.«

Freilich gibt es in der Bibel auch Kritik an Reichen, denen das Schicksal der Armen egal ist. Der Prophet Amos sagt es besonders drastisch: »Hört dies Wort, ihr fetten Kühe (…), die ihr den Geringen Gewalt antut und schindet die Armen und sprecht zu euren Herren: Bringt her, lasst uns saufen« (Amos 4,1). Mit Reichtum ist also Verantwortung verbunden – eine Spannung, die auch das Grundgesetz in seinem Artikel 14 ausdrückt, der einerseits das Eigentumsrecht sichert und andererseits betont, dass »Eigentum verpflichtet«. Ganz in diesem Sinn ist auch die Erläuterung Martin Luthers im Kleinen Katechismus, man solle »des Nächsten Geld oder Gut nicht nehmen, (…) sondern ihm sein Gut und Nahrung helfen bessern und behüten.«

Außerdem warnt die Bibel davor, Besitz zum Maßstab aller Dinge zu machen. Am bekanntesten ist sicher die Geschichte von jenem reichen Kornbauern, der nach einer guten Ernte zu sich sagt: »Liebe Seele, du hast nun einen großen Vorrat auf viele Jahre; habe nun Ruhe, iss, trink und habe guten Mut! Aber Gott sprach zu ihm: Du Narr! Diese Nacht wird man deine Seele von dir fordern; und wes wird's sein, das du bereitet hast? So geht es dem, der sich Schätze sammelt und ist nicht reich für Gott« (Lukas 12,19-21). Im stolzen Horten von Besitz steckt also kein Segen. Wir sollen vielmehr gute Haushalter der Dinge sein, die wir uns aufgrund der von Gott geschenkten Fähigkeiten und Talente erworben haben. Dazu gehört auch freigiebig zu sein.

Der englische Theologe und Gründer der Methodisten John Wesley (1703–1791) hat eine Predigt zum Thema Geld und Besitz einmal so zusammengefasst: »Verdiene, so viel du kannst. Spar, so viel du kannst. Gib, so viel du kannst.« Das zeigt nochmals, dass jeder wirklich zur Eigenverantwortung aufgerufen ist. Die Bibel hat durchaus eine positive Sicht von Arbeit, Einsatzbereitschaft und Fleiß. Zur Eigenverantwortung gehört auch das Sparen, also Vorsorge für die Zukunft. Doch entscheidend ist eben, mit dem eigenen Besitz Gutes zu tun. Ganz im Sinne auch von Papst Benedikt, der in seiner Enzyklika »Caritas in Veritate« zu einer Kultur des Schenkens und der Unentgeltlichkeit aufgerufen hat. Inmitten einer Welt, die aus sicher guten Gründen nach dem Prinzip von Angebot und Nachfrage funktioniert, sollten Christen auch immer wieder zeigen, dass sie selbst als Beschenkte leben – und daher gerne schenken.

Steuerrecht und Steuerhinterziehung

Zum 7. Gebot gehört selbstverständlich auch das Gebot der Steuerehrlichkeit. Und zwar unabhängig davon, ob einem die Steuergesetzgebung gut erscheint oder nicht – und sicher gibt es bei uns in Deutschland noch Möglichkeiten, das Steuerrecht zu vereinfachen und verständlicher zu machen. Der frühere Bundesverfassungsrichter Paul Kirchhof ist sogar der Meinung, dass das Steuerrecht in Deutschland wegen seiner Kompliziertheit seine Vertrauenswürdigkeit verloren habe. Selbst wenn man steuerehrlich sein will, ist man häufig darauf angewiesen, dass man alles richtig verstanden und/oder der Steuerberater alles richtig gemacht hat. Leider sind alle Versuche, das Steuerrecht zu vereinfachen, bislang im Sande verlaufen – weil jede Vereinfachung zum Beispiel durch Pauschalisierungen zu weniger Einzelfallgerechtigkeit führt und damit gleich wieder zu neuen Korrekturforderungen.

Doch egal, wie man zu diesen Fragen der Steuergesetzgebung steht: Jesus weist nicht einmal die Steuerforderung des römischen Unterdrücker-Staates zurück, als er von einem Pharisäer gefragt wird, ob es recht sei, dem Kaiser Steuern zu zahlen. Vielmehr sagt er: »Gebt dem Kaiser, was des Kaisers ist, und Gott, was Gottes ist« (Markus 12,13). Steuern sind als Zwangsabgaben nie sonderlich attraktiv, aber notwendig, um gemeinschaftliche Ausgaben und den sozialen Ausgleich innerhalb einer Gesellschaft zu finanzieren. Steuersünder, so schreibt der rheinische Pfarrer Matthias Schreiber, »verweigern sich ohne Not und ohne Recht ihrem Land und seiner Gemeinschaft. Sie übertreten nicht nur aus Habgier Gesetze. Sie verwenden auch viel Herzblut daran, nicht entdeckt zu werden. Auch diese Kreativität fehlt ihrem Land.«[18]

Nun sind in den vergangenen Jahren immer wieder CDs mit den Daten von Steuersündern aufgetaucht und den staatlichen Behörden zum Kauf angeboten worden. Das rechtliche und moralische Problem bestand und besteht darin, dass diese Daten in der Regel unrechtmäßig erworben wurden: Zum Beispiel von Bankangestellten, die die Daten illegal kopiert haben und nun damit hausieren gehen. Der Staat steht damit vor einem Dilemma: Wenn er die CDs kauft, kann er Steuerhinterziehung wirksam bekämpfen, greift dazu aber auf Hehlerware zurück. Kritiker bemängeln an einem solchen Vorgehen vor allem, dass damit unmoralisches Verhalten belohnt wird und der Staat gegen seine eigenen Regeln verstößt. Wenn er jedoch angesichts dieser Bedenken die CDs nicht kauft, entsteht der Eindruck, der Staat nehme es mit der Steuergerechtigkeit nicht ernst. Heiligt der gute Zweck die Mittel? Oder muss auch das Mittel völlig unangreifbar sein? Die Diskussion darüber ist aus meiner Sicht ein gutes Beispiel dafür, dass es in der Politik Situationen gibt, in denen es *die* moralisch einwandfreie Lösung nicht einfach gibt, weil gute Gründe für beide Positionen sprechen. Als früherer Innenminister weise ich allerdings darauf hin, dass wir auch bei der Kriminalitätsbekämpfung immer wieder auf Mittel zurückgreifen, die zwar rechtlich und moralisch hinterfragbar sind, aber um höherer Ziele willen angewendet werden. So gehen V-Leute, die im Rahmen ihres Einsatzes Rechtsverstöße begehen, straffrei aus; außerdem gewährt der Staat Straftätern im Rahmen von Kronzeugenregelungen Straferleichterungen (wobei hier Ehrlichkeit belohnt werden soll und nicht Unehrlichkeit).

Die Politik selbst hat darauf zu achten, dass die Steuern kein Übermaß erreichen. Davor wird schon in den Sprüchen Salomos gewarnt: »Ein König richtet das Land auf durchs Recht; wer aber viel Steuern erhebt, richtet es zugrunde« (Sprüche 29,4). Mit Interesse habe ich ein Interview mit dem Philosophen Peter Sloterdijk in der Süddeutschen Zeitung vom 6. Januar 2010 gelesen, das unter der Überschrift stand: »Wider die Verteufelung der Leistungsträger«. Sloterdijk plädiert darin dafür, statt der zwangsweisen Besteuerung der Bürger ein System des freiwilligen Schenkens einzuführen. Der Politiker in mir stimmt diesem Diktum des Philosophen auf keinen Fall zu: Nicht nur, weil ich glaube, dass die Summe des Geschenkten letztlich doch unter der Summe des fiskalisch Eingetriebenen läge, sondern auch, weil die Einnahmen aus den freiwilligen Steuern in Krisenzeiten zurückgingen oder zumindest unberechenbar würden, also gerade dann, wenn der Staat sich auf seine Einnahmen am meisten verlassen können muss. Was mich aber angesprochen hat, ist die Feststellung Sloterdijks, dass es in Deutschland immer wieder ein Klima der Verteufelung von Leistungsträgern gibt. Damit meint er jetzt nicht die kleine Gruppe von Managern, deren Einkommen wie bereits beschrieben immer wieder einmal Anstoß erregt haben. Er meint jene 25 Millionen Menschen, die den ganz großen Teil des Steueraufkommens für die 82 Millionen Bewohner der Bundesrepublik Deutschland tragen. Diese leistungsstarken, beruflich erfolgreichen und finanziell solide dastehenden Bürgerinnen und Bürger sehen sich, so Sloterdijk, seit dem 19. Jahrhundert in der Folge der Klassenkämpfe der Industrialisierungszeit einem Generalverdacht der Gier, des Ausbeutertums und des asozialen gesellschaftlichen Verhaltens ausgesetzt. Es werde als recht und billig empfunden, wenn diese Leute auch ordentlich belastet werden.

Diese »Gier- und Profitjäger-Anthropologie« führt nach Sloterdijk in manchen Fällen sogar tatsächlich dazu, dass die Menschen im Sinne einer sich selbst erfüllenden Prophezeiung so werden, wie man es ihnen unterstellt, und sich hinsichtlich ihrer gesellschaftlichen Verantwortung zurückziehen. Sloterdijk macht das an dem Spendenaufkommen für philanthropische und kulturelle Zwecke fest, das in den USA – pro Kopf gerechnet – zwanzigmal so hoch ist wie in Deutschland. Er führt das darauf zurück, dass die Amerikaner nicht daran glauben, »dass Erfolg Schuld erzeugt«. Ich glaube, dass an dieser Analyse sehr viel Wahres dran ist. Wie gesagt: Ich spreche nicht von einigen Managern und ihren Spitzeneinkommen, sondern von der Mittelschicht und auch dem Mittelstand. Ich meine, unsere Gesellschaft tut gut daran, wenn sie dieser ehrlichen und fleißigen gesellschaftlichen Gruppe wieder mit mehr Wertschätzung im wahrsten Sinne des Wortes begegnet, weil nur eine Wertschätzung der Wertschöpfung auch neue Werte generieren kann.

8. Gebot

Du sollst nicht falsch Zeugnis reden wider deinen Nächsten.

Wie so oft hilft Luthers Erklärung im Kleinen Katechismus, um sich dem Gebot zu nähern: »Wir sollen Gott fürchten und lieben, dass wir unsern Nächsten nicht belügen, verraten, verleumden oder seinen Ruf verderben, sondern sollen ihn entschuldigen, Gutes von ihm reden und alles zum Besten kehren.« Wieder einmal fragt man sich als Politiker: Wie soll das gehen? Sollen wir jetzt die Konzepte der anderen Parteien loben? Ist jeder Wahlkampf zwangsläufig schon ein Verstoß gegen das 8. Gebot?

Nun: Zunächst handelt es sich hier um eine Anweisung für das Verhalten vor Gericht. Die Menschen im alten Israel sollten vor Gericht vor falschen Zeugenaussagen geschützt werden. Das wird an anderer Stelle folgendermaßen ausgeführt: »Du sollst kein falsches Gerücht verbreiten; du sollst nicht einem Schuldigen Beistand leisten und kein falscher Zeuge sein. Du sollst der Menge nicht auf dem Weg zum Bösen folgen und nicht so antworten vor Gericht, dass du der Menge nachgibst und vom Rechten abweichst« (2. Mose 23, 1-2). Es geht um die Wahrheit. Um »nichts als die Wahrheit«, wie wir es ja auch von Zeugenvernehmungen vor Gericht kennen. Man soll einerseits einen Unschuldigen nicht ungerechtfertigt beschuldigen, andererseits einem Schuldigen nicht ungerechtfertigt helfen. Vielleicht, weil man sich in der einen oder anderen Weise davon einen Vorteil erhofft. Nein: Die Wahrheit soll zu ihrem Recht kommen, und das ohne Ansehen der Person.

Worte haben Wirkung

Es geht also um die Sache. Insofern sollte es kein Problem sein, wenn wir in der Politik einen zum Teil harten Schlagabtausch über die Qualität der jeweiligen Argumente führen. Eigentlich. Doch es ist leider schwer – und das sicher nicht nur in der Politik –, berechtigte Kritik in der Sache von Kritik an der Person zu unterscheiden. Wie leicht können einem in der Hitze der Diskussion schon einmal »die Pferde durchgehen«, und man verletzt mit seinen Worten andere Menschen zutiefst. Im Parlament oder im Bierzelt. Freilich: Das gilt wiederum nicht nur für politische Reden und Diskussionen, sondern ganz allgemein. Wie schnell reden wir schlecht über andere und merken noch nicht einmal, wie das unser Verhältnis zu ihnen belastet. Worte sind eben nicht nur Worte, Worte haben Wirkung. Die Bibel kennt das Problem. So nennt Jakobus die Zunge »ein kleines Glied, das doch große Dinge anrichtet: Siehe, ein kleines Feuer, welch einen Wald zündet's an« (Jakobus 3,5). Wir können aber auch Gedanken der großen Dichterin Hilde Domin (1909–2006) heranziehen: »Besser ein Messer als ein Wort. Ein Messer kann stumpf sein. Ein Messer trifft oft am Herzen vorbei. Nicht das Wort.«

Ein Theologe hat seine Gedanken zum 8. Gebot daher unter das Motto gestellt: »Ruiniere nicht den Ruf anderer!« (Horst

Stricker).[19] Dabei spricht er nicht nur den öffentlichen und den privaten Bereich an, sondern auch den kirchlichen: Das negative und verleumderische Reden über Dritte mache nämlich auch vor Kirchentüren nicht Halt: »Es erfreut sich höchster Beliebtheit. Für manche Menschen wäre das Leben geradezu fade, wenn es nicht immer wieder neuen Stoff über andere auszubreiten gäbe.« Dabei haben Ratsch und Tratsch manchmal nur das ganz einfache Ziel, sich selbst über andere zu stellen: Indem man andere schlecht macht, stellt man sich selbst in ein günstiges Licht.

Ganz allgemein kann man sagen: Das 8. Gebot soll Beziehungen schützen. Und es soll für Verlässlichkeit sorgen. Denn: Wem kann ich vertrauen, wenn ich fürchten muss, dass mich andere belügen? Vertrauen wiederum ist ein entscheidender Faktor für ein gelingendes Miteinander im Kleinen (man denke an die Ehe) wie im Großen (man denke an die Bedeutung von Vertrauen in der Wirtschaft). Wer dagegen andere bewusst anlügt, muss fürchten, künftig nicht mehr ernst genommen zu werden, getreu dem alten Spruch: »Wer einmal lügt, dem glaubt man nicht, auch wenn er gleich die Wahrheit spricht.«

Wenn Vertrauen und gelingende Beziehungen das Ziel dieses Gebots sind, kann es freilich Situationen geben, in denen die nackte Wahrheit nicht hilfreich ist. Es muss nicht gleich um solch dramatische Situationen gehen wie diejenige, die uns gleich zu Beginn des 2. Buchs Mose (Exodus) geschildert wird: Da befiehlt der Pharao von Ägypten den hebräischen Hebammen, alle männlichen Neugeborenen nach der Geburt zu töten. Aus Gottesfurcht folgten die Hebammen diesem Gebot jedoch nicht; als sie darauf angesprochen wurden, belogen sie den Pharao. Damit retteten sie Leben. Es können manchmal auch die kleinen Notlügen sein, die Luther als Tugend bezeichnet, »zu dem Zwecke angewendet, dass des Teufels Grimm verhindert und der Ehre, dem Leben und Nutzen des Nächsten gedient werde.«

So sehr es also um die Wahrheit geht – man muss auch berücksichtigen, was man wem in welcher Situation sagen kann. So wurde dem Philosophen Rainer Erlinger im Magazin der Süddeutschen Zeitung einmal folgende »Gewissensfrage« gestellt: Wie soll man reagieren, wenn man von einem überglücklichen Hochzeitspaar gefragt wird, wie einem das in der eigenen Wahrnehmung langweilige Hochzeitsfest gefallen habe. Erlingers Gedanke: Eine ehrliche Antwort wirkt höchstwahrscheinlich verletzend; außerdem kann das Paar angesichts dessen, dass so bald hoffentlich keine weitere Hochzeit ansteht, keinen Nutzen aus der nackten Wahrheit ziehen. Er rät daher in einem solchen Fall zu einer Unwahrheit aus Liebe.

Wahrheit ohne Liebe kann grausam und unbarmherzig sein. »Wenn wir beispielsweise Schwächen oder Fehlleistungen unseren Mitmenschen ›wahrheitsgemäß‹ vorwerfen, haben wir möglicherweise nicht gelogen – aber die Grenze der persönlichen Diskretion und der Menschenliebe grob verletzt« (Horst Stricker). Auch eine solche lieblose Wahrheit kann Beziehungen kaputt machen. In unserem evangelischen Gesangbuch ist dazu ein Wort von Max Frisch abgedruckt, das mir zu denken gibt: »Man sollte dem anderen die Wahrheit hinhalten, dass er wie in einen Mantel hinein schlüpfen kann, und sie ihm nicht wie einen nassen Lappen um die Ohren schlagen.«

Wie schon angedeutet, in der Politik ist das nicht leicht. Da geht es in der öffentlichen Auseinandersetzung darum, auf Kosten des politischen Gegners zu punkten. Manchmal scheint es leider so zu sein, dass man schon aus Prinzip gegen die Position des anderen ist, nach dem Motto: »Ich kenne die Meinung des anderen nicht, aber sie ist unerträglich.« Verständlicherweise schafft ein solches Denken und Reden nicht gerade Vertrauen in die Politik. Das 8. Gebot erinnert uns daran, dass man dem politischen Gegner nicht seinen guten Willen absprechen darf. Wenn wir die Position des anderen kritisieren, müssen wir darauf achten, *wie* wir das tun: am besten in einer Art und Weise, die uns die Würde auch des politischen Gegners achten und ihn als Person nicht schlecht machen lässt. Zu oft schon wurden Menschen verleumdet. Ich denke an den früheren Bundestagspräsidenten Eugen Gerstenmaier (1906–1986), einen engagierten Protestanten. Die DDR lancierte Ende der 1960er-Jahre in westdeutschen Medien Meldungen, wonach Gerstenmaier, der zu den NS-Gegnern im Kreisauer Kreis zählte, angeblich ein NS-Spitzel gewesen sein sollte. Außerdem wurde ihm vorgeworfen, unrechtmäßig Wiedergutmachungsleistungen erhalten zu haben. Gerstenmaier trat nach den entsprechenden Meldungen (u. a. im Magazin Stern) zurück. Im Nachhinein stellte sich das Ganze aber als Lügenkampagne der DDR heraus, an der sich manche Medien in der Bundesrepublik (leichtfertig?) beteiligt hatten.

Die Bedeutung der Medien

Medien sind für unsere Demokratie elementar. Sie gelten als Vierte Gewalt im Staat, ein Begriff, der schon auf Jean-Jaques Rousseau (1712–1778) zurückgeht, der von der Presse als der vierten Säule des Staates sprach. Damit haben Medien eine besondere Verantwortung im Geflecht der verschiedenen Mächte innerhalb des Staates. Sie sind wichtig, um kritische Fragen zu stellen, um Minderheitspositionen zu Gehör zu bringen und um die Macht der Mächtigen zu begrenzen. Das bedeutet gleichzeitig, dass sie mit der eigenen Macht sorgsam umgehen müssen, zumal sie aus unserem Leben nicht mehr wegzudenken sind.

Laut den Daten der Medienforscher sah der durchschnittliche Medienkonsum der Deutschen über 14 Jahre im Jahr 2009 so aus: Statistisch gesehen sitzen wir täglich 228 Minuten vor dem Fernseher, hören 182 Minuten Radio, beschäftigen uns etwa eine Stunde mit Printmedien, dazu kommen 70 Minuten im Internet. Damit haben die Medien eine stark meinungs- und bewusstseinsbildende Position. »Für viele Menschen entspricht die Wirklichkeit dem, was die Medien als wirklich ausgeben« – so heißt es in einem Dokument des Päpstlichen Rats für die Sozialen Kommunikationsmittel (Aetatis novae, 4). Auch das zeigt wiederum, wie zentral die Frage der Wahrhaftigkeit, wie zentral damit das 8. Gebot für die Medien ist.

Nun kennen wir aus den Medien den Spruch »Only bad news are good news«, soll heißen, dass nur (oder vor allem) die negativen Nachrichten interessant sind: vom Streit in der Politik bis hin zum Flugzeugabsturz oder dem Erdbeben. Man wünschte sich manchmal zwar bessere Nachrichten (zumal als Politiker), doch dieses Prinzip ist grundsätzlich nicht zu kritisieren, da es in der Regel mit dem Interesse der Mediennutzer übereinstimmt: Die vielen Flugzeuge, die sicher landen, sind nun mal nicht so interessant wie das eine, das abstürzt. Aber wir müssen uns darüber im Klaren sein, dass die Medien aufgrund dieser besonderen Brille ein tendenziell verzerrtes Bild der Wirklichkeit wiedergeben. Das ist übrigens kein neues Phänomen; es wurde schon vom englischen Publizisten Gilbert Keith Chesterton (1874–1936) in seinem Roman »Kugel und Kreuz« beschrieben: »Die große Schwäche des Journalisten, insofern er ein Bild des heutigen Daseins geben will, ist die, dass er ein Bild geben muss, das aus lauter Ausnahmen zusammengesetzt ist. Wir verkünden auf knalligen Plakaten, dass ein Mann vom Gerüst stürzte. Nie verkünden wir auf knalligen Plakaten, dass ein Mann vom Gerüst nicht abstürzte. Aber diese letzte Tatsache ist im Grunde viel aufregender. Dass ein Mann vom Gerüst nicht abstürzte, ist wirklich viel sensationeller; und es geschieht auch einige Tausend Male häufiger. Aber man kann von der Presse vernünftigerweise nicht erwarten, dass sie die Betonung auf die immerwährenden Wunder legt. Sehr beschäftigte Redakteure können überhaupt nicht kundgeben, dass die Menschen glücklich sind. Sie können nicht alle Silberlöffel schildern, die nicht gestohlen, oder alle Ehen, die nicht geschieden wurden. Deshalb ist das ganze Bild, das sie vom Leben bieten, notwendigerweise trügerisch.«

Die Folge dieser Zwangsläufigkeit: Das Negative wird in den Medien schnell zum Normalfall und lässt zuweilen vorschnell Forderungen nach einem Eingreifen der Politik laut werden. Doch medienwirksam dargestellte spektakuläre Einzelfälle dürfen nicht zur Verunsicherung oder gar Panik führen. Geht man beispielsweise allein von der Häufigkeit bestimmter Zeitungsartikel aus, könnte ein verzerrtes Bild von der Realität entstehen. So ist regelmäßig eine Verlagerung der in den Medien aufbereiteten Schwerpunkte festzustellen. Beispielsweise wird nach einem Busunglück oder einem Korruptionsskandal verstärkt und ausführlicher über ähnlich gelagerte Fälle berichtet.

Dabei möchte ich ganz deutlich hervorheben, dass ich die Medienberichterstattung nicht kritisieren, aber sehr wohl relativieren möchte. Es liegt eben in der Natur der Medien, über die Dinge zu berichten, die beim Leser von Interesse sind. Wenn man sich aber ein realitätsnahes Bild von der derzeitigen Kriminalitätslage machen will, ist eine bloße »Medienauswertung« allein nicht aussagekräftig. Nehmen wir den wirklich abscheulichen Bereich von Verbrechen an Kindern. Was denken Sie: Sind in den vergangenen Jahren mehr oder weniger Gewalttaten an Kindern verübt worden? Ich vermute, die meisten Menschen würden auf diese Frage mit »mehr« antworten – wegen der zahlreichen Berichte zu diesem Thema. In Wirklichkeit aber gab es in den vergangenen zehn Jahren nach Angaben des Bundeskriminalamts einen kontinuierlichen Rückgang bei den Todesdelikten bei Kindern; im Jahr 2000 waren 293 Kinder (unter 14 Jahren) Opfer von Mord, Totschlag oder tödlicher Körperverletzung, 2009 waren es 152 Kinder. Keine Frage: Das sind 152 zu viel. Und deshalb ist auch die öffentliche Berichterstattung wichtig. Doch kurzfristige Aufgeregtheiten in den Medien dürfen in der Politik nicht zu kurzatmigen Entscheidungen führen.

Kritik ist leicht, Konstruktives schwer

Ein Weiteres möchte ich als Politiker anmerken: So wie negative Nachrichten (»bad news«) in den Medien dominieren, so überwiegen auch negative Kommentare. Offensichtlich ist es attraktiver, etwas zu kritisieren als etwas zu loben. Das ist in gewisser Weise auch richtig, weil die Medien einen Gegenpol zu den Handelnden bilden müssen. Manchmal aber wirkt es so, als ob man tun könne, was man wolle – man wird immer kritisiert. Und da Politik häufig die Suche nach Kompromissen zwischen widerstreitenden Meinungen ist, wird es von fast jeder Seite immer gute Argumente gegen politische Entscheidungen geben. Hier müssen die Medien aufpassen, dass sie nicht zu einer ständigen Unzufriedenheit der Bevölkerung mit den Maßnahmen der Politik beitragen. Denn auch die Medien haben Verantwortung für unsere Demokratie, die davon lebt, dass wir mit begrenzten Mitteln sinnvolle Lösungen für das Gemeinwesen finden. Kritik ist immer leicht – Konstruktives dagegen ist schwer. Ich denke an einen Kommentar in der Süddeutschen Zeitung, der Preiserhöhungen im Münchner Zoo beklagt – ein unverfängliches Beispiel, da es nun wahrlich nicht in meinen Aufgabenbereich fällt, nicht nach Franken gehört, und außerdem eine rot-grün-regierte Stadt betrifft. Da heißt es: »Städtische Einrichtungen müssen sehen, wie sie über die Runden kommen, außerdem stehen wichtige Investitionen an. Der Tierpark braucht das Geld, keine Frage, und dennoch: Die Entscheidung ist familienfeindlich. Nicht immer dürfen die Buchhalter das letzte Wort haben.« Nach dem Lesen eines solchen Kommentars frage ich mich: »Was nun?« Irgendwie ist alles richtig, alle Argumente pro und contra sind zutreffend benannt, nur eine Lösung wird am Ende nicht präsentiert. Da haben es Journalisten manchmal leichter als Politiker.

Für problematisch erachte ich es schließlich, dass die Medien eine Tendenz dazu haben, Extreme in den Vordergrund zu stellen. Das erleben wir oft auch im Umgang mit den Kirchen. Da werden dann zum Beispiel theologisch konservative Christen (»Evangelikale«) als Fundamentalisten gebrandmarkt, entweder weil Pressevertreter allein extreme Vertreter zu Wort kommen lassen oder sich auf ganz wenige Aspekte konzentrieren, die in ihr bereits feststehendes Konzept passen. Gerade Evangelikale sahen sich in den letzten Jahren einem Trommelfeuer medialer Kritik ausgesetzt, das häufig auf einer sehr einseitigen Sichtweise beruhte. Ich denke an die Berichterstattung über die Ermordung zweier Bibelschülerinnen im Juni 2009 im Jemen durch militante Muslime. Die anschließende Debatte erweckte den Eindruck, als ob die Opfer an ihrem Tod selbst schuld seien, schließlich hätten sie als »christliche Missionare« mit so einer Reaktion rechnen müssen. Unabhängig davon, dass die Ermordeten als Krankenhelferinnen eingesetzt waren – eine solche Debatte erweist auch dem Anliegen der Religionsfreiheit einen Bärendienst. Mit Blick auf eine Frontal-Sendung mit dem Titel »Sterben für Jesus« warf der Rat der EKD dem ZDF eine verzerrte und diffamierende Berichterstattung vor: Dabei seien christliche Missionare auf eine Stufe mit islamischen Fundamentalisten gestellt worden.

Noch einmal: Kritik muss sein, aber die Kritik muss fair sein. Umgekehrt dürfen sich weder die Medien noch die Politiker vor kritischen Themen fürchten. Es gibt eine Form von »Political Correctness«, die der Wahrhaftigkeit entgegensteht. So war es eine Zeit lang nicht opportun, auf den hohen Anteil ausländischer Straftäter hinzuweisen. Auch die Probleme mit Teilen des Islams wurden von christlich-islamischen Dialoggruppen verschwiegen – in der Regel trafen sich hier ja auch nur die liberalen Vertreter der verschiedenen Seiten. Als Politiker muss man die Themen aufgreifen, die die Menschen bewegen. Ich erinnere an die Asyldebatte Ende der 1980er-Jahre. Was wäre passiert, hätten wir als CSU die damit verbundenen Probleme nicht angesprochen und dieses Thema den Gruppen am rechten Rand überlassen? Ich erinnere daran, dass die Republikaner 1990 nur knapp den Einzug in den bayerischen Landtag verpassten. Nur wenn man Probleme ausmacht und benennt, kann man sie lösen.

Das hat auch die Debatte um die Äußerungen von Thilo Sarrazin gezeigt. Sicher: Durch das, was Sarrazin zur angeblichen Vererbung von Intelligenz und besonderen »Genen« gesagt und geschrieben hat, sind seine Aussagen zur Integration belastet worden. Damit sind die Thesen zur mangelnden Integration aber nicht falsch. Es ist doch in der Tat so, dass wir in der Regel keine Probleme mit der Integration von Osteuropäern und Südostasiaten haben; die vietnamesischen Kinder beispielsweise sind in der Schule häufig besser als ihre deutschen Klassenkameraden. Schwierigkeiten haben wir vielmehr mit einem Teil der arabischen und türkischen Zuwanderer. Die größten Integrationsprobleme haben wir ganz konkret, wenn drei Faktoren zusammenkommen: Wenn die Zuwanderer aus bildungsfernen Schichten kommen, wenn sie von einem großen Nationalismus geprägt sind und wenn sie zu radikal-islamischen Ansichten neigen. Diese Probleme muss man benennen. Es ist daher bedenklich, wenn Niedersachsens Sozialministerin Aygül Özkan über eine »Mediencharta« nachdenkt, mit der Journalisten unter anderem dazu verpflichtet werden sollen, über »Herausforderungen der Integration« zu berichten und eine »kultursensible Sprache« anzuwenden. Sollen manche Wahrheiten dann nicht mehr angesprochen werden? Zu Recht sind diese Überlegungen von den Medien zurückgewiesen worden.

Der entscheidende Faktor für Integration ist die Sprache – das habe ich schon zu Zeiten gesagt, als mir dafür von den Grünen »Zwangsgermanisierung« vorgeworfen wurde. Ich sehe mich aber bestätigt von vielen türkischen Freunden, die ebenso denken wie ich. So hat der Verband türkischer Unternehmer und Industrieller ATIAD im Rahmen der Sarrazin-Debatte für staatlichen Druck auf diejenigen Migranten plädiert, deren Kinder kein Deutsch lernen und dadurch noch nicht einmal mit anderen Kindern spielen können. Wir haben viele Angebote, um Zuwanderern beim Erlernen der Sprache zu helfen – ich denke an das Programm »Mama lernt Deutsch«, das Frauen Sprachunterricht in Schulen und Kindergärten parallel zur Unterrichts- und Betreuungszeit ihrer Kinder anbietet. Das heißt: Wir fördern viel, doch wir fordern zu wenig und haben zu wenige Möglichkeiten, um diejenigen mit Sanktionen zu belegen, die sich selbst der Integration verweigern. Dabei geht es bei Integration nicht um Assimilation und Preisgabe der kulturellen oder religiösen Identität. In diesem Punkt irrt auch der türkische Ministerpräsident Erdogan, der in seiner Kölner Rede vom Februar 2008 türkischstämmige Mitbürger vor Assimilation warnte und sie aufforderte, ihre Bindung an die Türkei zu behalten. Das heißt nämlich, dass die ohnehin schon bestehenden Gettoisierungstendenzen mancher Zuwanderer auch noch von der türkischen Regierung unterstützt werden. Dabei geht es um eine offene, vorurteilslose Eingliederung in die aufnehmende Gesellschaft und um die Vermeidung von Parallelgesellschaften, die das Gemeinwesen auf Dauer sprengen würden. Das alles sage ich als Freund der Türkei, der auch ein bisschen stolz ist, im Mai 2010 in Istanbul den Deutsch-Türkischen Freundschaftspreis erhalten zu haben.

Fazit: Zur Wahrhaftigkeit gehört, die berechtigten Anliegen der Bürger aufzunehmen und Probleme offen zu benennen – freilich ohne zu dramatisieren und ohne allgemeine Ressentiments zu schüren.

Missbrauch der Meinungsfreiheit

Das jedoch geschieht am rechten Rand durch Neonazis, die Ausländer vor dem Hintergrund ihres völkisch-rassistischen Weltbildes herabwürdigen und nicht nur zu Gewalt aufrufen, sondern auch Gewalt ausüben: von Anschlägen auf Synagogen bis hin zum gezielten Mord. Laut Kriminalstatistik wurden in den vergangenen 20 Jahren fast 50 Menschen Opfer rechtsextremer Gewalt (manche Schätzungen liegen noch darüber): Ausländer, Aussiedler, Obdachlose, Homosexuelle und andere. Den geistigen Nährboden für solche Verbrechen legen und pflegen Rechtsextremisten mit Hassäußerungen verschiedenster Art, für die sie sich auf den Schutz der Meinungsfreiheit berufen. Das ist skandalös. Die Meinungsfreiheit stößt dort an ihre Grenzen, wo zu Gewalt aufgerufen wird, wo Gewalt verherrlicht wird und wo historische Tatsachen bewusst verfälscht werden. Erinnert sei in diesem Zusammenhang an das richtige und wichtige Verbot, den Holocaust zu leugnen.

Noch heute stehe ich fassungslos vor dem barbarischen, rassistischen und antisemitischen Morden, das in der Zeit des Nationalsozialismus geschah. Zusammen mit dem inzwischen verstorbenen Vorsitzenden der Israelitischen Kultusgemeinden in Bayern Simon Snopkowski habe ich Vernichtungslager in der Ukraine besucht: Dort hatte die SS Juden so hintereinander aufgestellt, dass mit einer Kugel möglichst viele Menschen erschossen werden können – man versuchte, beim Morden »effizient« zu sein, welche Perversion! Und das ist nur ein Beispiel für die brutal berechnende Denkweise der Nazis, die den Holocaust industriell betrieben. Gerade dieses industrielle Vorgehen macht auch die schauerliche Singularität der nationalsozialistischen Verbrechen aus. Sie sind daher mit anderen Verbrechen in der Menschheitsgeschichte schlichtweg nicht vergleichbar. Ein lautes, aufrichtiges »Nie wieder!« ist daher conditio sine qua non für ein humanes Zusammenleben der Menschen, insbesondere bei uns in Deutschland.

Vor diesem Hintergrund habe ich mich intensiv für ein Verbot der rechtsextremen NPD eingesetzt. Es kann nicht sein, dass Nazis unter dem Deckmantel einer Partei den Nährboden für Hass und Gewalt bereiten und unsere freiheitlich-demokratische Grundordnung bekämpfen. Die entsprechende Bundesratsinitiative Bayerns und Niedersachsens im November 2000 wurde von Bundesregierung und Bundestag aufgenommen, der Verbotsantrag im März 2001 beim Bundesverfassungsgericht gestellt. Anfang Oktober 2001 nahm der Antrag eine erste Hürde: Die Karlsruher Richter erklärten, dass die drei NPD-Verbotsanträge »weder unzulässig noch offensichtlich unbegründet« seien. Kurz darauf setzte das Gericht mehrere Verhandlungstermine fest. Zum Eklat kam es allerdings Anfang 2002, als das Gericht einen Verhandlungstermin mit Hinweis auf einen V-Mann unter den geladenen NPD-Funktionären absagte, Bundesinnenminister Otto Schily gab bei einer Pressekonferenz »krasse Fehler« seines Ministeriums zu. Ein Jahr später erklärten drei der sieben Richter, dass sie angesichts der Präsenz von V-Leuten in der NPD die Fortsetzung des Verfahrens ablehnten. Die für ein Parteienverbot erforderliche Zwei-Drittel-Mehrheit der Richter war damit nicht mehr erreichbar. Eine weitere Sachaufklärung über die verfassungsfeindlichen Ziele der NPD wäre, davon bin ich nach wie vor überzeugt, im Interesse der wehrhaften Demokratie gewesen; daher halte ich die Entscheidung für falsch. Das Verfahren hat aber dennoch, auch wenn es nicht zu Ende geführt wurde, zu einer Schwächung der NPD beigetragen.

Zudem hat der frühere Bundesverfassungsgerichtspräsident Hans-Jürgen Papier erklärt, dass die Einstellung des Verfahrens im Jahr 2003 keine Vorentscheidung über weitere Verbotsanträge darstelle. Freilich: Solange das Gericht in etwa derselben Weise zusammengesetzt ist wie damals, ist ein neuer Antrag auf ein NPD-Verbot wahrscheinlich chancenlos.

9. Gebot

Du sollst nicht begehren deines Nächsten Haus.

10. Gebot

Du sollst nicht begehren deines Nächsten Frau, Knecht, Magd, Rind, Esel noch alles, was dein Nächster hat.

»Du sollst nicht begehren« – in der mir vertrauten Luther-Übersetzung handelt es sich um zwei Gebote, ebenso verhält es sich in der katholischen Kirche. Allerdings gibt es diese Trennung in der jüdischen Lesart nicht, auch nicht in der reformierten Tradition: Das oben genannte 9. und 10. Gebot sind zu einem zusammengefasst, dafür ist das 1. Gebot in seine zwei Bestandteile »Du sollst keine anderen Götter haben« und »Du sollst dir kein Bildnis machen« aufgeteilt. Obwohl ich grundsätzlich der lutherischen Tradition folge, erlaube ich mir hier, die beiden Gebote zusammenzufassen, weil im Zentrum die Frage nach dem »Begehren« steht: Die Frage nach der Gier, wie wir sie aus der Wirtschaft kennen, nach der Begierde, wie wir sie im sexuellen Bereich kennen, aber auch nach dem Griff nach der Macht, wie wir sie in der Politik kennen.

Darf denn ein Politiker überhaupt Macht begehren? Nach Max Weber bedeutet Macht »jede Chance, innerhalb einer sozialen Beziehung den eigenen Willen auch gegen Widerstreben durchzusetzen, gleichviel worauf diese Chance beruht«. So sehr dies als reine Beschreibung zutreffend sein mag – mir fehlt dabei die normative Komponente, die auch von der Legitimation von Macht spricht. Besser gefällt mir die Definition der großen Philosophin und Totalitarismus-Forscherin Hannah Arendt (1906–1975), die in ihrer Studie »Macht und Gewalt« Macht als das Zusammenwirken von freien Menschen in politischen Angelegenheiten zugunsten des Gemeinwesens definiert und Webers Machtbegriff eher der Überschrift »Gewalt« zurechnet. Macht ist dann anzuerkennen und anzustreben, wenn sie legitim verliehen wird und wenn sie tatsächlich das Wohl des Gemeinwesens im Blick hat statt des Eigeninteresses von Politikern. Ich gebe zu, dass diese Unterscheidung nicht immer einfach ist. Denn auch das Interesse eines Politikers, der das Gemeinwohl im Blick hat, muss darauf gerichtet sein, gewählt (oder wiedergewählt) zu werden – ein Ziel, das man zweifelsohne auch dem Eigeninteresse zuschreiben kann.

Macht in der Politik

Mein Plädoyer geht dahin, dass man Macht als etwas Notwendiges betrachtet, dem sich aber nicht alle hehren Ziele unterordnen dürfen: Als Politiker sollten wir nach der Macht streben, um zu gestalten, nicht allein, um sie zu haben. Mit Sorge sehe ich, dass bei vielen Bürgern oft der gegenteilige Eindruck entsteht: Dass Politiker kaum noch Prinzipien haben, dass sie ihr Fähnchen nach dem Wind drehen und sich mehr nach Meinungsumfragen denn nach

Grundüberzeugungen richten. Bemerkenswert erscheint mir in diesem Zusammenhang, wie sich der ehemalige SPD-Vorsitzende Franz Müntefering zum Schwenk seiner Partei in Sachen Rente mit 67 geäußert hat: Er warf der neuen Führung vor, ihre Position lediglich aus parteitaktischen, nicht aber aus sachlichen Gründen korrigiert zu haben. Die Süddeutsche Zeitung zitierte Müntefering mit den Worten: »Gut für die Glaubwürdigkeit von SPD und Politik insgesamt ist das nicht.« Freilich muss ich zugeben: Das betrifft leider alle Parteien; auch die schwarz-gelbe Koalition in Berlin ist davon nicht ausgenommen. So hat der Eiertanz um die Frage, ob man den Bürgern vor der Landtagswahl in Nordrhein-Westfalen im Mai 2010 ein Einsparprogramm präsentieren könne, dem Image der Koalition schwer geschadet. Das Ergebnis sind Politikverdrossenheit und das Gefühl vieler Wähler, nicht ernst genommen zu werden. Dem müssen wir als Politiker entgegenwirken, damit die Menschen nicht das gleiche Fazit ziehen wie der große Historiker Jacob Burkhardt (1818–1897) in seinem posthum veröffentlichten Werk »Weltgeschichtliche Betrachtungen«: »Nun ist die Macht an sich böse, gleichviel wer sie ausübe. Sie ist kein Beharren, sondern eine Gier und eo ipso unerfüllbar, daher in sich unglücklich und muss also andere unglücklich machen.«

Wie gesagt: Diesem Eindruck müssen wir als Politiker entgegenwirken, allerdings auch falsche Vorstellungen von der Politik korrigieren. Ein glaubwürdiger und fairer Politikstil ist gefragt, auch ein integrer Lebensstil, weil Politiker, ob sie das wollen oder nicht, Vorbildcharakter haben. Es sollte immer wieder deutlich werden, dass Politiker ihrem Gewissen verantwortlich sind, wie das auch vom Grundgesetz für Abgeordnete gefordert wird: »Sie sind Vertreter des ganzen Volkes, an Aufträge und Weisungen nicht gebunden und nur ihrem Gewissen unterworfen« (Art. 38). Einen Fraktionszwang kann es daher nicht geben, insbesondere nicht, wenn es um ethisch relevante Fragen geht. Wohl aber gibt es eine Fraktionsdisziplin, die mir auch häufig geboten erscheint. Denken Sie nur einmal daran, dass sich kein Politiker in allen Politikfeldern gleich gut auskennen kann. Ich habe jahrelang Innenpolitik betrieben, mir dabei Kompetenzen erworben und daher erwartet, dass meine Parteifreunde bei innenpolitischen Fragen meiner Position folgen – solange sie nicht zu einer anderen Position gelangt sind. Genauso habe ich die Kompetenz von Parteifreunden in anderen Politikfeldern geachtet und dementsprechend ihren Positionen zugestimmt – außer wenn diesmal ich durch eigene Anschauung oder Überlegung zu anderen Positionen gekommen bin. In diesen Fällen habe ich dann zunächst innerparteilich oder innerhalb der Landtagsfraktion versucht, einen Diskussionsprozess anzuregen.

Beispielsweise war ich ein strikter Gegner des berühmten Kreuther Trennungsbeschlusses aus dem Jahr 1976, als Franz Josef Strauß die Fraktionsgemeinschaft zwischen CSU und CDU aufkündigen wollte. Als junger Abgeordneter warnte ich mit anderen wie dem damaligen Innenminister Bruno Merk vor den Folgen einer solchen Trennung. Was mir Strauß schon etwas übel genommen hat.

Der Traum vom Ministerpräsidenten-Amt

Ich habe schon ausgeführt, dass mich gerade mein Engagement in der evangelischen Jugendarbeit mit in die Politik geführt hat. Vieles lief erstaunlich gut, manches anders als gedacht. Als mir Edmund Stoiber, der bei den Bundestagswahlen 2002 gegen den amtierenden Bundeskanzler Gerhard Schröder antrat, eröffnete, dass ich in seinem Kompetenzteam für die Innenpolitik zuständig sein sollte, war ich zunächst nicht unbedingt begeistert. Ich hätte mir bereits zu diesem Zeitpunkt bei einem Sieg Stoibers als Kanzlerkandidat auch die Nachfolge als Ministerpräsident gewünscht. Doch zur Politik gehört, dass man sich auf die Aufgaben, die einem anvertraut werden (sollen), einlässt. So meinte ich: »Nachdem ich erfahren habe, dass ich es will, will ich es auch und freue mich darüber.« Und das war in der Tat so: Ich wäre mit größter Begeisterung Bundesinnenminister geworden und habe mich gefreut, als ich von Angela Merkel 2005 erneut gefragt wurde, ob ich auch in ihrem Kompetenzteam für den Bereich der Innenpolitik stehen wolle.

Als Edmund Stoiber nach der Bundestagswahl 2005 unerwartet in München blieb, schloss ich ernsthaft mit dem Gedanken ab, ihm im Amt des Ministerpräsidenten folgen zu können – nicht ohne mir zuvor ein Wettrennen mit Erwin Huber um die Nachfolge zu liefern. Im Interview mit der »tageszeitung« sagte ich damals, der Traum vom Ministerpräsidentenamt sei »abgehakt« – und so war es auch. Dass es mit der Kreuther CSU-Klausur vom Januar 2007 noch einmal ganz anders kommen sollte, das konnte ich mir nicht vorstellen. Doch das Schöne an der Politik ist, dass alles möglich ist und manchmal auch das Gegenteil von allem...

Dabei lief die Klausurtagung der CSU-Landtagsfraktion keineswegs nach einem in irgendeiner Weise geplanten Drehbuch ab: Die Ankündigung des Rückzugs von Edmund Stoiber und die Bereitschaft von Erwin Huber und mir, sich um seine Nachfolge als CSU-Vorsitzender und als Ministerpräsident zu bewerben, war nicht das Ergebnis taktischer Planungen. Die Atmosphäre, in der diese Klausur begann, war spannungsgeladen. Kurz vor Weihnachten 2006 hatte die Stoiber-Kritikerin Gabriele Pauli Spitzelvorwürfe gegen einen Mitarbeiter des Ministerpräsidenten erhoben. Damit bekam ihre Forderung nach innerparteilichen Reformen neue Brisanz. Innerhalb der Fraktion rumorte es, weil viele Kollegen aufgrund schlechter Umfragewerte um den Wiedereinzug in den Landtag bangten. Doch bereits vorher hatte sich das Verhältnis zwischen Edmund Stoiber und der Fraktion abgekühlt, wofür manche Beobachter noch heute auch die Zwei-Drittel-Mehrheit der CSU im Landtag verantwortlich machen.

Ich selbst konnte freilich nicht von Beginn an in Kreuth anwesend sein. In Dresden tagte noch die Konferenz der europäischen Innen- und Justizminister, an der ich als einziger Vertreter eines deutschen Bundeslandes teilnahm. Bundesinnenminister war damals Wolfgang Schäuble. Als Gastgeber des Treffens fragte er mich, ob ich nicht lieber in Kreuth wäre, wo es doch sicher sehr spannend wäre. Ich meinte: Das sollen die Jüngeren unter sich ausmachen, ich muss schließlich aufpassen, dass sich der deutsche Innenminister länderfreundlich verhält.

Spannende Stunden in Kreuth

Erst einen Tag später kam ich mit dem Hubschrauber in Kreuth an, wo die Debatte um die Lage der CSU bereits in vollem Gange war. Rund 80 der 123 anwesenden Fraktionsmitglieder brachten sich in die Diskussion ein. Vor allem Stoibers Ankündigung, bis zum Jahr 2013 an der Spitze des Freistaats stehen zu wollen (»Wer mich kennt, weiß, dass ich keine halben Sachen mache«), wurde heftig diskutiert. Die einen, die treuen Stoiber-Fans, erklärten, man müsse den Helm enger schnallen und sich dem Sturm der öffentlichen Meinung entgegenstellen. Eine andere, wohl deutlich größere Gruppe, beklagte, dass nach dem überraschenden Rückzug Stoibers aus Berlin 2005 sehr viel Glaubwürdigkeit verloren gegangen sei.

Ich ergriff als circa 60. Redner das Wort, nachdem ich zuvor in einer Wortmeldung als gesundheitlich angeschlagen bezeichnet worden war. Das ärgerte mich, und das sagte ich auch, schließlich hatte ich nach meinem Hörsturz zwei Wahlkämpfe auf Bundesebene (2002 und 2005) und den Landtagswahlkampf 2003 mit viel Engagement bestritten, das Amt des Innenministers mit größtem Einsatz und Erfolg gestaltet und war trotz meines Hörgerätes voll einsatzfähig. Zum Thema selbst sagte ich: Wir sollten den Medien weniger Stichworte geben und mehr Solidarität zeigen. Außerdem sollte der für den Herbst geplante Parteitag vorverlegt und Stoiber dabei als Spitzenkandidat für 2008 nominiert werden. Sobald dies erfolgt sei, werde sich die Lage beruhigen.

Einen Tag später wiederum bat mich Stoiber während eines Referats des oberösterreichischen Landeshauptmanns Joseph Pühringer in ein Nebenzimmer. Er fragte, wie es weitergehen solle. Ich antwortete, die Lage sei zwar schwierig, aber beherrschbar. Wenn er Nerven habe, werde er den Sturm aushalten. Bei einem vorgezogenen Parteitag werde es keinen Gegenkandidaten geben. Damit sei dann auch der Wahlkampf eröffnet, womit sich die Partei wieder hinter ihn stellen werde – auch diejenigen, die jetzt Kritik übten, schon aus eigenem Interesse an der Wiederwahl als Abgeordnete. Stoiber, der offensichtlich zuvor in der Staatskanzlei Gespräche geführt und Zwischenbilanz gezogen hatte, erwiderte, die meisten in Franken, aber auch viele in Oberbayern seien gegen ihn. Ein Wahlkampf, bei dem die Hälfte der Partei ihn nicht unterstütze, sei nicht machbar. Dann ging er auf mögliche personelle Alternativen ein, sprach all die Kollegen aus der Bundes- und der Landespolitik an, die in den Medien schon als mögliche Nachfolger genannt worden waren, um dann zu begründen, warum er sich die Betreffenden für die Führung von Partei bzw. Staatsregierung nicht vorstellen könne.»Und dann bleiben Huber und du, aber ihr streitet euch ja nur und führt innerparteilich Wahlkampf gegeneinander.« Auf meinen Hinweis, das müsse man mal ausloten, reagierte er mit der Frage, ob wir denn schon miteinander geredet hätten. Meine Antwort war, wie das auch den Tatsachen entsprach, dass ich seit der letzten Sitzung vor Weihnachten mit Erwin Huber kein Wort gewechselt hatte. Stoiber sagte, ich solle das Gespräch mit Huber nachholen, und verließ den Raum.

Daraufhin suchte ich Huber auf, berichtete ihm kurz über das Gespräch mit Stoiber und schlug ihm eine Aufgabenteilung vor: er als Parteivorsitzender, ich als Ministerpräsident. Jeder wollte kurze Bedenkzeit. Ich führte in dieser Zeit Gespräche mit Alois Glück und dem damaligen Fraktionsvorsitzenden Joachim Herrmann, die keine grundsätzlichen Einwände äußerten. Dann rief ich meine Frau an und fragte, ob sie glaube, dass ich mit Huber zusammenarbeiten könne. »Ja«, sagte sie, »wenn du nicht mehr so ekelhaft zu ihm bist wie 2005.« Damals hatte ich öffentlich gesagt, dass ich nicht bereit sei, in einem Kabinett Huber mitzuarbeiten; in diesem Fall hätte ich das Mandat im Bundestag wahrgenommen und die Staatsregierung verlassen. Hintergrund war, dass ich im Rahmen der Verwaltungsreform mehrfach harte Kontroversen mit Huber ausgefochten hatte.

Nach unserer Bedenkzeit – es war circa eine Stunde – gingen Huber und ich zu Stoiber und schlugen ihm vor, seine Nachfolge in der angesprochenen Weise zu teilen. Seine Reaktion war sehr kühl. Da sei viel zu bedenken. Er werde in der kommenden Woche im Landesvorstand erklären, ob er weitermache oder wie der Zeitplan für Entscheidungen aussehen könne.

In der Landtagsfraktion hatte sich aber schon herumgesprochen, welche Möglichkeit Huber und ich erwogen hatten. Die Kollegen diskutierten bis in die tiefe Nacht. Am nächsten Tage wussten auch schon einige Journalisten über die Gespräche und Gerüchte. Auf Anfrage dementierten sowohl Huber als auch ich, dass es zu einer Entscheidung gekommen sei, sondern erklärten – wie uns Stoiber beschieden hatte –, dass erst in der kommenden Woche über einen Zeitplan entschieden würde. Als ich nach der Klausurtagung an jenem 18. Januar 2007 im Büro am Odeonsplatz war, rief Stoiber gegen 13.40 Uhr an, um mir mitzuteilen, dass er wenige Minuten später (um 14 Uhr) vor der Presse seinen Rücktritt für Ende September bekannt geben werde. Auf meinen Hinweis, er solle warten und nichts überstürzen, es müsse viel erwogen werde, antwortete er nur, er habe keine Zeit, weil er noch andere informieren müsse. Am Fernseher sah ich dann die kurze Erklärung Stoibers.

Du sollst nicht begehren deines Nächsten Amt? Nein, es war kein Putsch. Vielmehr war es so, wie Edmund Stoiber selbst gesagt hatte: So konnte man nicht mehr weitermachen. Die CSU musste wieder in ruhige Bahnen kommen. Wir haben dann gemeinsam überlegt, wie es weitergehen könne – ich sollte auf dem regulären Parteitag im Herbst für das Amt des Ministerpräsidenten nominiert und Erwin Huber zum CSU-Vorsitzenden gewählt werden. Dass nun eine Übergangszeit von acht, neun Monaten auf mich zukam, machte es mir sicher nicht leichter, diese verantwortungsvolle Aufgabe zu übernehmen. Es kann gut sein, dass ich an dieser

Stelle zu wenig Machtbewusstsein gezeigt und zu wenig Durchsetzungswillen an den Tag gelegt habe. Das ist in den Medien zuweilen kritisiert worden, zum Teil freilich in den gleichen Medien, die zuvor das starke Machtbewusstsein Stoibers kritisiert hatten.

Wettbewerb und Moral

Aber nicht nur wir Politiker müssen uns von dem Gebot »Du sollst nicht begehren« hinterfragen lassen. Das 9. und das 10. Gebot sprechen Begierden im Bereich der Sexualität (und damit die Versuchung zum Ehebruch) genauso an wie die Gier nach immer mehr Geld. Doch: Ist wirklich jeder Wunsch nach mehr schon zu verurteilen? Ist unser Wirtschaftssystem, das auf Wettbewerb aufbaut, unmoralisch?

Eine Antwort auf diese Fragen führt mich zunächst in die Welt des Sports: Der Wettbewerb spornt hier an. Wettkämpfe, bei denen niemand Sieger sein will, sind langweilig. Selbst Niederlagen können motivieren, weil man dann umso mehr trainiert, um beim nächsten Mal ganz oben auf dem Siegertreppchen zu stehen. Ein Wettbewerb in diesem Sinn ist auch für die Wirtschaft gut. Zumal der Vater der Nationalökonomie, der britische Moralphilosoph Adam Smith (1723–1790), erkannte, dass es durchaus von Vorteil sein kann, wenn sich jeder Einzelne im Wirtschaftsleben von seinem Eigeninteresse leiten lässt – im Ergebnis werde dadurch dem Allgemeinwohl am besten gedient. Berühmt geworden ist sein Zitat: »Jeder, der einem anderen irgendeinen Tausch anbietet, schlägt vor: Gib mir, was ich wünsche, und du bekommst, was du benötigst. Das ist stets der Sinn eines solchen Angebotes, und auf diese Weise erhalten wir nahezu alle guten Dienste, auf die wir angewiesen sind. Nicht vom Wohlwollen des Metzgers, Brauers und Bäckers erwarten wir das, was wir zum Essen brauchen, sondern davon, dass sie ihre eigenen Interessen wahrnehmen. Wir wenden uns nicht an ihre Menschen-, sondern an ihre Eigenliebe, und wir erwähnen nicht die eigenen Bedürfnisse, sondern sprechen von ihrem Vorteil.« Mit der Einbindung des Eigeninteresses erreiche der Markt mehr als alle noch so gut gemeinten Appelle an die Nächstenliebe. Dabei ging es Smith wohlgemerkt um die Beurteilung der ethischen Qualität eines Wirtschaftssystems. Nicht die Marktwirtschaft mit ihrem auf Gewinn angelegten Wettbewerbssystem ist also das Problem, sondern – da greife ich wieder das Beispiel aus dem Sport auf – die Neigung, ohne ethische Schranken und mit fragwürdigen Mitteln (so wie mit Doping im Sport) in den Wettkampf einzugreifen. Das lässt sich gut mit Blick auf die jüngste Finanzkrise zeigen.

Wir wissen inzwischen: Die Wirtschaftswelt stand wenige Zentimeter vor dem Abgrund eines Absturzes ins totale Chaos. Die Folgen wären unvorstellbar gewesen, wenn nicht das internationale und nationale Krisenmanagement nach der Insolvenz der US-Investmentbank Lehman Brothers im Herbst 2008 funktioniert hätte. Es folgte die größte Krise der Weltwirtschaft in den letzten 80 Jahren. Die deutsche Volkswirtschaft schrumpfte im Jahr 2009 um fast 5 Prozent. Zu Tage traten jenseits der Finanzkrise auch Strukturprobleme wie zum Beispiel Überkapazitäten in der Automobilindustrie oder Probleme des Handels, die längst bekannt waren, aber nun wie im Fall der Handelskette Arcandor/Karstadt in ein Insolvenzverfahren führten. Aber auch eine so starke Branche wie der deutsche Maschinenbau hatte mit großen Problemen zu kämpfen: Wenn niemand auf der Welt Investitionen tätigt, weil die Nachfrage einbricht und jeder angesichts der allgemeinen Unsicherheit die weitere Entwicklung abwartet, hat auch der Weltmarktführer massive Absatzprobleme.

Von der Finanzkrise zur Schuldenkrise

Wir haben im Jahr 2010 erlebt, wie die deutsche Wirtschaft überraschend gut aus dieser Krise herausgekommen ist. Freilich haben wir auch den dritten Akt des Dramas erlebt: die Haushaltskrise. Um systemrelevante Banken – aber auch normale Unternehmen – zu stützen, haben die Staaten unglaubliche Beträge in die Wirtschaft gepumpt. In Deutschland waren das allein durch das Gesetz zur Stabilisierung des Finanzmarktes 480 Milliarden Euro. Ich selbst war an den Verhandlungen zu einem Zeitpunkt beteiligt, als ich schon wusste, dass ich in dieser Legislaturperiode nicht mehr in der Verantwortung als Ministerpräsident stehen würde. Und trotzdem musste ich im Bundesrat bzw. auf der Ebene der Konferenz der Ministerpräsidenten in kürzester Zeit Entscheidungen treffen, die in der Summe das größte Finanzvolumen meiner 20-jährigen Zeit in der Staatsregierung ausmachten: ein Volumen, das etwa zwölfmal so groß war wie der jährliche Haushalt des Freistaats Bayern!

Auch hier holte die Krise bisher schon vorhandene, aber noch unter der Decke befindliche Schwächen ans Tageslicht: so die Defizite Griechenlands, die schon beim Eintritt in die Europäische Währungsunion vorhandenen waren, jedoch durch Tricksereien mit der Statistik versteckt worden waren. So musste das Staatsdefizit drastisch nach oben korrigiert werden. Bei einem Staatsdefizit von 13 Prozent, gemessen an der jährlichen Wirtschaftskraft, ist es nicht erstaunlich, wenn Anleger den Glauben an die Zahlungsfähigkeit eines Landes verlieren. Die Folge: Es mussten hohe Aufschläge auf die Zinsen gezahlt werden, was die Probleme noch weiter verstärkte. Es drohte die Zahlungsunfähigkeit Griechenlands, was auch für die Euro-Zone eine große und gefährliche Belastung der gemeinsamen Währung darstellte. Zwar waren bei Einführung des Euro heilige Eide geschworen worden, dass nicht etwa eine Art Finanzausgleich für schwächere Staaten geschaffen werden sollte. Dennoch wurde schließlich zusammen mit dem Internationalen Währungsfonds ein milliardenschweres Hilfsprogramm aufgestellt. Immerhin ist das an strenge Regeln gebunden. Um ein Übergreifen der Schuldenprobleme auf andere Länder zu verhindern, wurde ein weiterer Stabilisierungsfonds der Euro-Zone aufgelegt.

Aus deutscher Sicht ist zu sagen: Es muss unter allen Umständen vermieden werden, dass eine Mentalität entsteht, nach der Haushaltsprobleme einzelner Länder durch Hilfe von außen beseitigt werden. Zumal wir auch in Deutschland 2010 ein Haushaltsdefizit von voraussichtlich über sechs Prozent des Bruttoinlandsproduktes haben und damit den europäischen Stabilitätspakt verletzen. Aber wir sind noch besser dran als die USA, wo gleich mehrere Staaten (allen voran Kalifornien) vor der Zahlungsunfähigkeit stehen und wo das Defizit des Bundeshaushaltes 13 Prozent (und damit die Größenordnung Griechenlands) übersteigt! Dabei hat die Verschuldung der USA gegenüber ihrem größten Gläubiger China gigantische Ausmaße angenommen. Dies wird in den nächsten Jahren zu dramatischen Verschiebungen der Macht führen.

Immerhin hat die Krise eine Debatte über Wirtschaft und Ethik angestoßen wie seit Langem nicht mehr. Nicht nur Bischöfe benennen »mangelnde Ehrlichkeit und Wahrhaftigkeit« als Faktoren, die mit zu den Verwerfungen am Markt geführt haben. »Gier und Größenwahn« gelten als Hauptursachen, also menschliche Schwächen, auf die auch die Bibel vielfach hinweist. So, wenn Jesus warnt: »Hütet euch vor aller Habgier, denn niemand lebt davon, dass er viele Güter hat« (Lukas 12,15). Eine der Hauptursachen für die Krise ist zweifelsohne das bedenkenlose Streben nach kurzfristigen Gewinnen durch Spekulation: Also der Umstand, dass in Sekundenschnelle Abermilliarden auf den internationalen Finanzmärkten ohne Kontrolle und oft ohne realwirtschaftlichen Hintergrund eingesetzt werden. Es wird nicht durch gerechte Leistung Geld verdient, sondern auf steigende oder (mit komplizierteren Produkten) auf fallende Kurse von Wertpapieren gewettet. Nicht mehr der seriöse »Bankier« ist modern, sondern der rigorose »Banker«, der mit Produkten zockt. Wenn er gewinnt, verdient er mehrstellige Millionenbeträge, wenn es danebengeht, muss der Steuerzahler einspringen, um den Kollaps des Systems zu verhindern.

Ja zum Gewinn, aber auch zur Verantwortung

Damit soll eine Orientierung am Gewinn bei Geldanlagen weder sachlich noch moralisch verurteilt werden – Gewinnerzielung ist ein Anreiz, um Neues und Besseres zu entwickeln, ein Anreiz zur Kreativität. Durchaus auch zur »schöpferischen Zerstörung«, von der der Ökonom Joseph Schumpeter (1883–1950) gesprochen hat, womit er gleich die Kehrseite der ständigen Suche nach dem Besseren benannt hat. Aus Anlegersicht gilt, dass die Rendite neben dem Risiko und der Anlagedauer mit zu den Kriterien gehört, über die sich jeder Anleger Gedanken machen muss. Doch jeder muss wissen bzw. sich wieder daran erinnern: Höhere Renditen sind nur mit höheren Risiken zu haben. Der Finanzwelt wäre daher zu einer etwas vorsichtigeren Geschäftspolitik zu raten, vielleicht im Sinne der Geschäftsmaxime der Buddenbrooks aus dem Roman von Thomas Mann, in dem es heißt: »Mein Sohn, sei mit Lust bei den Geschäften am Tage, aber mache nur solche, dass wir bei Nacht ruhig schlafen können.« Doch es ist offensichtlich so: Wer nicht mit seinem persönlichen Eigentum haftet, geht übermäßige Risiken ein, insbesondere wenn im Erfolgsfall große Gewinne locken und bei einem Scheitern eine Entlassung droht, die mit einer Abfindung versüßt wird. Insofern zeigt sich: Eine übertriebene Gier ist nicht nur ein Verstoß gegen das 9. und 10. Gebot, sondern auch wirtschaftlich von Nachteil.

Die Hauptfolgerung aus der Krise lautet daher: Risiken müssen transparent sein. Anleger müssen erkennen können, welche Chancen, aber auch welche Risiken mit Finanzanlagen verbunden sind. Wer Risiken eingeht, muss dafür auch haften. Damit diese Haftung wirklich greift, wenn's schief geht, müssen Banken ausreichend Eigenkapital vorhalten und dürfen Risiken nicht ohne Weiteres aus ihren Bilanzen entfernen. Es wäre freilich eine Illusion zu glauben, dass es ganz ohne Risiko ginge: Jeder einfache Kredit beinhaltet das Risiko, dass der Schuldner nicht zurückzahlen kann, jede Anlage beinhaltet die Möglichkeit des Wertverlustes.

In diesem Zusammenhang ist an die Verluste zu erinnern, die viele Banken – auch die Bayerische Landesbank, deren Verwaltungsrat ich angehörte – mit sogenannten »Asset Backed Securities« erlitten haben, also Wertpapieren, die durch Hypothekenkredite gesichert waren. Diese ABS-Papiere wurden zunächst gerade deshalb gekauft, weil das Risiko niedriger schien als bei Krediten für einzelne Bauvorhaben. Wegen der Verteilung der Risiken auf verschiedene Schultern war auch die Wissenschaft lange Zeit der Meinung, dass diese Risiko-Diversifizierung sinnvoll sei. Heute wissen wir, dass solche gesplitteten Risiken manchmal gefährlicher sein können als offensichtliche Risiken, einfach weil sie versteckt sind.

Ich verstehe die Krise freilich nicht nur als eine gewissermaßen »technische« Panne der Finanzwelt, sondern als Konsequenz eines Handelns, das sich von den bewährten Werten unserer Sozialen Marktwirtschaft entfernt hat. Dementsprechend wird die Überwindung der Krise nicht nur und nicht einmal vorrangig durch wagemutige Manöver der Finanzpolitik gelingen, sondern vor allem eine Rückbesinnung auf unsere Werte erfordern. Eine künftig stabilere Welt der Wirtschaft und Finanzen werden wir schließlich nur dann gewinnen, wenn das Bewusstsein für die Verantwortung wieder wach wird, die alle diejenigen tragen, die Entscheidungen zu treffen haben.

Zurück zu den Prinzipien der Sozialen Marktwirtschaft

Das Konzept der Sozialen Marktwirtschaft basiert auf der Verantwortung des Einzelnen und auf der Freiheit des Handelns – auf dem freien Markt, in dem das Verhältnis von Angebot und Nachfrage den Preis steuert und ein Wettbewerb stattfindet. Dieser Wettbewerb führt einerseits zu einem breiten Angebot und verhindert andererseits die Konzentration wirtschaftlicher Macht. Er ist in diesem Sinn auch ein »Entmachtungsinstrument«, wie Franz Böhm (1895–1977), ein wichtiger Vertreter der Sozialen Marktwirtschaft, betont hat: Wer im Wettbewerb steht, kann sich nicht alles leisten, sondern muss die eigenen Interessen gegenüber den Wünschen der Kunden zurückstellen. Dieser Wettbewerb muss fair sein und er muss geschützt werden, denn er steht immer in der

Gefahr, dass er sich selbst kaputt macht. Zum Beispiel durch Preisabsprachen oder dadurch, dass Große versuchen, den Marktzutritt von Kleinen zu verhindern. Für den Schutz dieses Wettbewerbs ist der Staat verantwortlich. Ludwig Erhard hat dazu einen Vergleich mit dem Sport gewählt: Der Staat stellt wie beim Fußball die Spielregeln auf und agiert als Schiedsrichter, der die Einhaltung der Spielregeln überwacht.

In diesen Kreislauf greift der Staat dann ein, wenn Ergebnisse entstehen, die gesellschaftlich nicht wünschenswert sind. Wir streben einen sozialen Ausgleich durch die Politik an. Dieser Gedanke ist ebenso wichtig wie die Grundregel der Eigenverantwortlichkeit. Wir wollen, dass der Staat dann aktiv wird, wenn die von ihm festgelegten Prinzipien verletzt werden – aber auch nur dann. Diese Einschränkung entspricht dem Gedanken der Subsidiarität, also dem schon erwähnten Prinzip, dass größere Einheiten erst dann eingreifen sollen, wenn kleinere Einheiten (wie der Einzelne oder die Familie) sich selbst nicht mehr zu helfen wissen.

Das Modell der Sozialen Marktwirtschaft entspricht auch dem christlichen Menschenbild. Der Mensch wird in diesem Modell so genommen, wie er auch in der biblischen Sicht ist: Als ein Mensch, dessen Würde auf der Ebenbildlichkeit Gottes basiert, dem Gott Freiheit schenkt. Freiheit, die freilich auch missbraucht werden kann. Die Väter der Sozialen Marktwirtschaft hatten eben beides im Blick: die Kreativität des Einzelnen – daher erkannten sie auch das Eigeninteresse des Einzelnen als Handlungsmotiv an –, und gleichzeitig wussten sie, dass dieses Eigeninteresse zu einem schrankenlosen Egoismus ausarten kann – und setzten ihm daher Grenzen.

»Das Maß der Wirtschaft ist der Mensch.«

Dem christlichen Menschenbild entsprechend stellt die Soziale Marktwirtschaft den Menschen in den Mittelpunkt. Den Menschen – nicht die Rendite oder das Kapital. In diesem Sinn kann der Shareholder Value nicht das alleinige Ziel eines Managers sein. Zumal wir in der Finanzkrise gemerkt haben, welche fatalen Folgen die einseitige Orientierung der Geschäftspolitik an der kurzfristigen Entwicklung von Börsenkursen hatte. Eine Orientierung, die häufig durch schwindelerregende Bonuszahlungen motiviert wurde. Der ursprünglich richtige Gedanke, dass die Bezahlung von Managern erfolgsabhängig erfolgen soll, ist durch die Kurzfristigkeit dessen, was als Erfolg gemessen wurde, häufig genau ins Gegenteil verkehrt worden: Entscheidungen, die sich längerfristig als schwere Fehler herausgestellt haben, wurden kurzfristig als Erfolg bilanziert – und satt honoriert. So ist es nicht ganz überraschend festzustellen, dass das vergangene Jahrzehnt, in dem der Shareholder Value für viele Manager der einzige Maßstab des Erfolgs war, an der Börse ein verlorenes Jahrzehnt war: Der Wert der Unternehmen im DAX stagnierte nämlich. Es ist also nicht einmal das eigene Ziel, die Steigerung des Aktienwertes, über einen längeren Zeitraum erreicht worden.

Wenn ich sage, dass der Mensch im Mittelpunkt wirtschaftlichen Handelns steht, dann gilt das gerade für die Arbeitswelt. Der Mensch darf nie allein zum Mittel für einen Zweck reduziert werden – dieser schon mehrfach zitierte Grundsatz der Menschenwürde gilt eben auch in der Wirtschaft. Daran erinnert die EKD-Denkschrift »Unternehmerisches Handeln in evangelischer Perspektive«: »Alle, die im Unternehmen tätig sind, ob Vorstände oder Hilfsarbeiter, sind eben nicht nur Mittel zum Zweck, sondern auch und vor allem Geschöpfe Gottes, geschaffen zu Gottes Bild. Immanuel Kant hat diese Gedanken mit der griffigen Formulierung aufgenommen, alles habe seinen Wert, nur der Mensch habe eine unveräußerliche Würde.« Natürlich sind Beschäftigte auch Mittel zum Zweck: Arbeitsplätze werden geschaffen, um etwas zu produzieren – und dies so günstig, dass es sich am Markt behaupten kann. Doch bei aller notwendigen funktionalen »Nutzung« der Menschen in den Unternehmen auf der Grundlage ihrer Arbeitsverträge darf ihre Würde nicht beeinträchtigt werden. Eine

Reduzierung der Beschäftigten auf ein Mittel zum Zweck kann beispielsweise darin bestehen, dass Entlassungen nicht als letzte Möglichkeit, sondern allein zur Erhöhung von sowieso schon hohen Gewinnen eingesetzt werden. Sie kann sich darin ausdrücken, dass Unternehmen Mitarbeiter in Schwellenländern zu Hungerlöhnen arbeiten lassen oder zu Bedingungen, die Leben und Gesundheit gefährden. Oder sie kann darin bestehen, dass Kinder ohne Schulabschluss arbeiten müssen. Sie drückt sich darin aus, dass Mitarbeiter es nicht mehr wagen, im Krankheitsfall zum Arzt zu gehen, oder dass im Unternehmen ein Klima herrscht, in dem alle menschliche Kommunikation allein dem wirtschaftlichen Unternehmenszweck untergeordnet wird und das soziale Gefüge keine Rolle mehr spielt.

Umgekehrt werden Menschen als solche im Betrieb wahrgenommen, wenn sie nicht nur funktional als Arbeitskraft, sondern auch als Person mit ihrem eigenen Umfeld gesehen werden. Wer diese Perspektive teilt, wird sich grundsätzlich Gedanken um die Vereinbarkeit von Beruf und Familie machen, wird für Gesundheitsschutz und Fortbildungsmöglichkeit sorgen und Verantwortung dafür übernehmen, dass auch die Mitarbeiter bei Partnern weltweit unter menschenwürdigen Umständen arbeiten. Manager und Unternehmer, die so handeln, wissen: Nicht die kurzfristige Gewinnmaximierung und nicht das Prinzip des »Hire and Fire« sind es, die tragen. Vielmehr sind solide, von Gegenseitigkeit und Wertschätzung geprägte Unternehmenskulturen und Geschäftsbeziehungen nachhaltiger, eben gerade weil sie näher an den Bedürfnissen des Menschen sind. Es hat mich tief beeindruckt, als ich von einem fränkischen Unternehmer erfahren habe, dass er einen Geschäftsbereich zu einem geringeren Betrag als eigentlich vereinbart veräußert hat, damit den Mitarbeitern eine Weiterbeschäftigungszusage gegeben werden konnte.

Zur ethischen Verantwortung im Unternehmen gehört auch der Umgang mit Geschäftspartnern. Das Verbot der Korruption ist dann nicht nur die gesetzliche Regelung, die seit 1998 auch im

Geschäftsleben unter Strafe gestellt wird, sondern selbstverständliche Voraussetzung für anständige Geschäfte. Manchmal wird einem entgegengehalten, dass es ohne Bestechung in bestimmten Ländern unmöglich sei, an Aufträge zu gelangen. Doch die Affären um Siemens und MAN haben offensichtlich gemacht, dass Bestechung nicht nur unethisch, sondern auf Dauer auch ziemlich teuer ist.

Ethik währt am längsten

Zugegeben: Viele fragen sich, ob sich Unternehmen in der Zeit des heute so scharfen Wettbewerbs Ethik und sozialpolitische Verantwortung überhaupt noch leisten können. Ich sage: Ja! Zum einen, weil gerade in einer Wissensgesellschaft Mitarbeiter das wichtigste Kapital sind. Sie aus- und fortzubilden ist nicht Luxus, sondern Voraussetzung für langfristigen Unternehmenserfolg. Nachhaltige, partnerschaftliche Geschäftsbeziehungen sind auf Dauer erfolgreicher als das kurzfristige Ausnützen jeden Vorteils. Neue Kundenbeziehungen aufbauen zu müssen, weil man bisherige Kunden enttäuscht hat, ist teuer. Umweltbewusstsein, Datenschutz, generell Verantwortung über das Unternehmen hinaus – all das sind Faktoren für langfristigen Erfolg. Ganz in diesem Sinne hat der Vorsitzende der katholischen Bischofskonferenz, Erzbischof Robert Zollitsch, den Faktor Vertrauen hervorgehoben: »Vertrauen ist für wirtschaftliches Handeln ein ebenso wichtiges Kapital wie Geld. Es wird in neuer Weise deutlich, wie wichtig das Gleichgewicht zwischen ökonomischer Effizienz und den sozialen Wirkungen unternehmerischen Handelns ist. Unsere Gesellschaft lebt vom Sauerstoff der Werte und Tugenden; sie atmet die Luft der Gerechtigkeit und Solidarität, der Redlichkeit und Nächstenliebe.«

Werte und Tugenden – das erinnert an die Maßstäbe, die uns die Bibel lehrt, gerade in den Zehn Geboten. Der Verstoß gegen die Zehn Gebote kostet zumindest langfristig Geld. Und die Marktwirtschaft lebt, ähnlich wie wir es beim Staat gesehen haben, »von

Voraussetzungen, die sie selbst nicht garantieren kann«. So betont Wilhelm Röpke (1899–1966), einer der Väter der Sozialen Marktwirtschaft, »dass auch die nüchterne Welt des reinen Geschäftslebens aus sittlichen Reserven schöpft, mit denen sie steht und fällt und die wichtiger sind als alle wirtschaftlichen Gesetze und nationalökonomischen Prinzipien. Markt, Wettbewerb und das Spiel von Angebot und Nachfrage erzeugen diese Reserven nicht, sondern verbrauchen sie und müssen sie von den Bereichen jenseits des Marktes beziehen«.[20]

»Das Maß des Menschen ist sein Verhältnis zu Gott.«

Woher kommen diese Reserven? Für Röpke war die Antwort klar: Aus dem Wissen um die Verantwortung vor Gott. Er schrieb: »Das Maß der Wirtschaft ist der Mensch. Das Maß des Menschen ist sein Verhältnis zu Gott.« Das zeigt letztlich, worum es beim 9. und 10. Gebot geht. Nicht jeder Wunsch nach mehr wird hier berührt. Nicht jede Form von Eigennutz und Wettbewerb. Wohl aber ein »Begehren«, bei dem sich das ganze Mensch-Sein auf Gier und Neid reduziert. Darauf, dass man sich dann über den Gewinn, den Konsum und das mehr Haben definiert. Denn genau dann machen wir Dinge zu Gott bzw. zu einem Götzen und erheben sie damit über Gott selbst. Insofern bedeutet das Nachdenken über die Ursachen der Finanzkrise, dass sich jeder selbst fragen muss, inwieweit er mit seinem Denken zur Krise beigetragen hat. Bemerkenswert fand ich in diesem Zusammenhang einen Impuls, der von Bankiers und Unternehmern um den früheren Landessynodalen Albrecht Fürst zu Castell-Castell verfasst wurde. In der kurzen Stellungnahme heißt es unter anderem:

»Könnte es sein, dass ich zu dem, was wir heute erleben, selbst etwas beigetragen habe?
Was treibt mich an?
Will ich mehr, als ich brauche?
Handle ich, wie ich rede?

Welche Grenzen brauche ich für mein Leben?
Welche Werte leiten mich?
Welche Autorität bestimmt mein Leben?«

Die Verfasser kommen zu dem Schluss, dass es für einen Ausweg aus der Krise zweierlei braucht: »Zum einen das Anerkennen, dass die Grundwerte für ein gelingendes Leben auf der bleibend gültigen Ordnung stehen, die Gott uns in seinem Wort gegeben hat. Zum Zweiten, dass wir unsere eigene Beteiligung an der Krise anerkennen. Grundlage unseres Umdenkens und das Ziel unserer Umkehr sind die Tugenden Wahrhaftigkeit, Treue, Verlässlichkeit, Wertschätzung, Leistungsbereitschaft, Demut und Nächstenliebe.«[21] Wenn diese Werte dominieren, dann tritt das »Begehren« automatisch in den Hintergrund.

Mit einem Wort des Kabarettisten Hans-Dieter Hüsch möchte ich hier schließen, weil es auf das nächste Kapitel hinausweist: »Statt zu klagen, dass wir nicht alles haben, was wir wollen, sollten wir lieber dankbar sein, dass wir nicht alles bekommen, was wir verdienen.«

III. Gott vergibt – und er gibt Kraft

Im Neuen Testament wird Jesus mehrfach nach der Bedeutung der Gebote gefragt. Einmal spricht ihn ein Schriftgelehrter so an: »Meister, welches ist das höchste Gebot im Gesetz? Jesus aber antwortete ihm: Du sollst den Herrn, deinen Gott, lieben von ganzem Herzen, von ganzer Seele und von ganzem Gemüt. Das ist das höchste und größte Gebot. Das andere aber ist dem gleich: Du sollst deinen Nächsten lieben wie dich selbst. In diesen beiden Geboten hängt das ganze Gesetz und die Propheten« (Matthäus 22,36-40). Auch Paulus bezeichnet die Liebe als die Erfüllung des Gesetzes: »Seid niemandem etwas schuldig, außer dass ihr euch untereinander liebt; denn wer den anderen liebt, hat das Gesetz erfüllt. Denn was da gesagt ist: Du sollst nicht ehebrechen, du sollst nicht töten, du sollst nicht stehlen, du sollst nicht begehren, und was da sonst an Geboten ist, das wird in diesem Wort zusammengefasst: Du sollst deinen Nächsten lieben wie dich selbst. Die Liebe tut dem Nächsten nichts Böses. So ist nun die Liebe des Gesetzes Erfüllung« (Römer 13,8-10). Und Johannes schreibt: »Wenn jemand spricht: Ich liebe Gott, und hasst seinen Bruder, der ist ein Lügner. Denn wer seinen Bruder nicht liebt, den er sieht, der kann nicht Gott lieben, den er nicht sieht« (1. Johannes 4,20).

Wer über die Gebote schreibt, muss auch über die Liebe sprechen. Das mag im politischen Bereich zunächst nicht angebracht erscheinen, geht es doch hier meist um Interessen und um Sachgesetzlichkeiten. Dennoch muss in diesem Zusammenhang über die Liebe gesprochen werden und das gleich aus mehreren Gründen. Zum einen müssen Politiker die Menschen, für die sie Politik machen, mögen, also in gewisser Weise »lieben«, sonst kann Politik schnell abheben, manchmal sogar zynisch werden. Zum anderen lassen sich die Gebote, wie schon zu Beginn dieses Buchs gesagt, nicht ohne die Liebe Gottes verstehen. So lesen wir im gerade erwähnten Johannes-Brief: »Lasst uns lieben, denn er hat uns zuerst geliebt« (1. Johannes 4,19). Das Einhalten der Gebote steht nicht am Anfang der Gottesbeziehung, sondern ist Teil der Gottesbeziehung. Das drückt Luther so wunderbar aus, indem er die Erklärungen zu den Zehn Geboten im Kleinen Katechismus immer mit den Worten beginnt: »Wir sollen Gott fürchten und lieben«. Es geht nicht um abstrakte Gebote, nicht um einen Moralismus. Sicher wurde das Christentum in seiner Geschichte immer auch so verstanden, missverstanden; doch im Zentrum steht die Beziehung zu Gott, der Israel aus der Sklaverei in Ägypten befreit hat und einen jeden von uns von Sünde befreit.

Dennoch bleibt die Frage: Wie kann es gelingen, Gott im persönlichen, aber auch im politischen, sozialen und gesellschaftlichen Handeln gerecht zu werden? Liegt die Messlatte der Bibel, liegen vielleicht auch die Maßstäbe, die ich in diesem Buch beschrieben habe, nicht viel zu hoch – so hoch, dass man fast nur unten durchschlüpfen kann?

Gesetz und Evangelium

Als Lutheraner sind wir – wenn ich das so sagen darf – in einer recht glücklichen Situation. Im Sinne unseres Glaubenslehrers dürfen wir darauf verweisen, dass menschliches Handeln nie wirklich »gerecht« sein kann. So sehr wir uns bemühen sollen, richtig zu handeln, so sehr sollen wir uns auch in Acht nehmen vor der Annahme, tatsächlich »gerecht« zu handeln. Die schon erwähnte biblische Geschichte von der Ehebrecherin, die gesteinigt werden soll, ist in diesem Sinn eine Warnung an uns, nicht der eigenen Selbstgerechtigkeit anheimzufallen: Nach dem damals geltenden Recht war das gegen die Ehebrecherin ausgesprochene Todesurteil korrekt. Als aber die Menschen kommen, um dieses Urteil zu vollziehen, bringt Jesus sie dazu, sich selbst zu prüfen – bevor sie einen ersten Stein werfen können. Dann blickt er zu Boden und malt im Staub. Als er aufsieht, haben sich alle Ankläger davongemacht. Ihr Übereifer hatte sie blind gemacht und im Glauben an die Gerechtigkeit ihres Handelns engstirnig werden lassen. Aber immerhin haben sie sich von Jesus belehren lassen und sind von ihrem ursprünglichen Vorhaben abgekommen. Bevor wir also danach fragen, wie wir konkret handeln sollen, um Gott gerecht zu werden, ist es wohl sinnvoll, sich vom Gedanken zu befreien, man könne Gott überhaupt jemals gerecht werden. Der französische Kardinal Jean-Marie Lustiger (1926–2007) hat einmal sehr treffend gesagt: »Wir müssen nicht Gott erreichen. Es genügt, dass Gott uns erreicht.« Wenn wir also einer politischen Frage gegenüberstehen, wird unsere Antwort vielleicht falsch oder richtig sein, sinnvoll oder fragwürdig. Noch wahrscheinlicher wird sie zwischen diesen beiden Polen changieren und halbwegs richtig und weitgehend sinnvoll sein. Aber sie wird nie umfassend »gerecht« sein vor Gott – das schaffen wir einfach nicht. Und als Christen müssen wir es auch nicht: Gott liebt uns mit allen unseren Fehlern und ohne Ansehen unserer Leistungen, unserer Erfolge und unserer irdischen Bedeutung. Er liebt uns einfach so, ohne Gegenleistung.

Das ist die wunderbare Erfahrung der Rechtfertigung des Sünders durch Gott, wie sie gerade Paulus im Römer-Brief beschreibt: »Nun ist aber ohne Zutun des Gesetzes die Gerechtigkeit, die vor Gott gilt, offenbart, bezeugt durch das Gesetz und die Propheten. Ich rede aber von der Gerechtigkeit vor Gott, die da kommt durch den Glauben an Christus Jesus zu allen, die glauben. Denn es ist hier kein Unterschied: Sie sind allesamt Sünder und ermangeln des Ruhmes, den sie bei Gott haben sollten, und werden ohne Verdienste gerecht aus seiner Gnade durch die Erlösung, die durch Christus Jesus geschehen ist« (Römer 3,21-24). Dazu gehört im Besonderen die Gewissheit, dass mir Jesus Christus die Vergebung meiner Sünden zusagt, wenn ich sie bekenne und bereue. Ich weiß: Selbst wenn ich mich noch so anstrenge, werde ich nicht schuldlos bleiben können. Die Gewissheit der Vergebung ist für mich daher die große befreiende Botschaft, die mein Leben prägt, im Privaten wie im Politischen. Das heißt noch lange nicht, dass mich das leichtfertig sündigen lässt, im Gegenteil: *Gerade weil* ich um das Geschenk der Vergebung weiß, gehe ich verantwortungsbewusst mit dieser großen Freiheit und Befreiung um.

Es ist ja nicht etwa so, dass wir diese Gewissheit als eine Hängematte im Leben verstehen dürfen. Das pure Gegenteil ist der Fall: Wer weiß, dass er nicht durch eigene Werke, sondern allein durch den Glauben erlöst wird, kann frei von Versagensängsten leben und handeln. Gerade in der Distanz, wie sie Jesus gegenüber dem Politischen gewahrt hat, und in der damit verbundenen Relativität des politischen Handelns von uns Menschen liegt etwas ungeheuer Befreiendes: Zu Recht engagieren wir uns in der Politik, aber unser Heil kommt von Gott. Der Fernsehmoderator Peter Hahne schreibt treffend: »Wer den Himmel zum Ziel hat, dem ist diese Erde niemals gleichgültig. Im Gegenteil: Er ist befreit zu verantwortlichem Handeln, weil er aus ›unpolitischen‹, außerweltlichen Kräften lebt.«[22]

So wie das Evangelium innere Antriebsfeder ist, so wird es im Zusammenwirken mit den Zehn Geboten auch immer wieder der Maßstab sein, an dem wir die ethische Qualität unseres Handelns zu überprüfen haben. Daher sind mir auch das Lesen der Bibel, im Speziellen die Worte der Herrnhuter Losung, und der Besuch des Gottesdienstes so wichtig. Zugegeben: Ich komme seltener dazu, als ich es mir wünsche. Aber ich weiß, welche Kraft darin steckt. Seit meinen Zeiten im CVJM hat mich das Wort Gottes begleitet; ich finde Trost, Halt und Hoffnung in der Bibel. Ich bete, auch wenn es manchmal nur Stoßgebete sind. Als ich nach einem Reitunfall unserer Tochter Ruth in höchster Sorge um sie war, konnte ich nichts anderes beten als das »Vaterunser«.

Gleichzeitig bin ich dankbar für Menschen, die für Politiker beten und damit dem Auftrag der Bibel folgen, in der zur Fürbitte für die Obrigkeit aufgefordert wird (z. B. in 1. Timotheus 2, 1-4). Manchmal kommen Menschen zu mir und sagen: »Herr Beckstein, wir beten für Sie.« Dafür bin ich dankbar, es ist wirklich eine große Stärkung im manchmal so aufreibenden Politikgeschäft.

Auch durch das benediktinische »Ora et labora« können wir uns daran erinnern lassen, dass Gebet und Arbeit zusammengehören. Das Gebet kann kluge Politik nicht ersetzen, aber ohne den Segen Gottes bauen die Bauleute umsonst, wie es in der Bibel heißt. Übertragen auf unsere Verhältnisse: Ohne den Segen Gottes regieren die Politiker umsonst. Wer weiß schon, was für den Fall der Mauer in unserem Vaterland wichtiger war: die politischen Entscheidungen oder die Montagsgebete?

Mut zur Verantwortung, Demut vor Gott

Ich habe meine erste Regierungserklärung als Ministerpräsident im Herbst 2007 unter das Motto: »Mit Mut und Demut« gestellt. Henry Kissinger hat einmal gesagt, das Wichtigste in der Politik sei Mut. Sachverstand könne man sich notfalls kaufen, aber Mut müsse man schon selbst haben. Es ist nicht immer einfach, mit der Verantwortung richtig umzugehen. Jeder, der Verantwortung trägt, kann ein Lied davon singen. Das gilt für Führungspersönlichkeiten in den verschiedensten Aufgabenbereichen – und das gilt auch für mich als Politiker. Andererseits aber gibt es zur Verantwortung keine Alternative. Wenn man etwas bewirken und erreichen will, muss man Entscheidungen treffen. Oft muss man diese Entscheidungen treffen, ohne sie in der Ruhe eines wissenschaftlichen Seminars ausgiebig diskutieren zu können. Schon allein deshalb bleiben Krisensituationen nicht aus.

Es kommen Entscheidungen hinzu, bei der für verschiedene Lösungen jeweils starke Argumente sprechen. Andere Entscheidungen muss man im Wettbewerb mit Konkurrenten treffen, vielleicht sogar in einer konfliktträchtigen Situation. Hier kommt es darauf an, vor der Instanz des eigenen Gewissens bestehen zu können: Wenn alle Gesichtspunkte berücksichtigt worden sind, die man überblicken kann, wenn alle Konsequenzen überdacht sind, mit denen man unter realistischer Abwägung der Umstände zu rechnen hat, dann muss die Entscheidung getroffen werden. Dann muss derjenige, der die Verantwortung trägt, das Ruder fest in die Hand nehmen und entscheiden. Hat er recht und ist das Ergebnis erkennbar positiv, gibt es Applaus – wobei sich dieser allerdings oft in Grenzen hält, denn im Nachhinein sieht richtiges Handeln immer einfach aus. Hat der Mann oder die Frau am Steuerrad sich aber getäuscht, dann werden viele Stimmen laut von kritischen Zeitgenossen, die es besser wissen und schon immer besser gewusst hätten – wären sie nur gefragt worden. Manchmal habe ich den Eindruck: Je weniger Verantwortung manche Menschen tragen, desto harscher urteilen sie. Je ängstlicher jemand die Verantwortung meidet, desto mutiger wird er mit einem scharfen Urteil zur Stelle sein!

Als Innenminister hatte ich durchaus den Ruf, hart und konsequent zu handeln – irgendjemand bei der EKD-Synode sagte einmal zu mir: »Sie haben nicht nur so geredet, sondern auch so gehandelt.« Das war mir immer wichtig, dass ich meine Vorstellungen in Handlungen umsetze. Politiker werden vor allem fürs Handeln gewählt – von daher war für mich Mut gefordert. Aber auch Demut, weil ich weiß, dass ich selbst eben nicht der Allerhöchste, sondern dem Allerhöchsten verantwortlich bin, und weil ich auch weiß, dass man selbst bei besten Absichten falsche Entscheidungen treffen kann, die unter Umständen Nachteile zur Folge haben, auch für Menschen. Wo Menschen handeln, passieren Fehler.

Ich sage das auch mit Blick auf die öffentliche Diskussion um die Bayerische Landesbank, zu deren Verwaltungsrat ich im Mai 2007 gehörte, als die heute umstrittene Entscheidung für den Kauf der Kärntner Bank Hypo Group Alpe Adria (HGAA) getroffen wurde. Der Verwaltungsrat hatte damals auf der Basis von Expertisen und Prognosen, die ihm unter anderem vom Vorstand der Bank (auch auf Basis von Gutachten von Wirtschaftsprüfungsgesellschaften) vorgelegt worden waren, mit bestem Wissen und Gewissen diesem Projekt zugestimmt. Ich erinnere mich noch gut daran, wie sehr dieser Kauf von Wirtschaftsjournalisten und Finanzexperten wie

z. B. Professor Wolfgang Gehrke begrüßt wurde: Die Expansion nach Mittel- und Osteuropa galt angesichts der begrenzten Möglichkeiten der Landesbank, ihr Geschäft in Bayern auszubauen, als sehr sinnvoll – zumal es möglich schien, bayerische Unternehmen bei ihren Geschäften in Mittel- und Osteuropa zu unterstützen. Während heute von einem viel zu hohen Preis für die Kärntner Bank die Rede ist, wurde damals von den Kärntner Grünen der Vorwurf erhoben, die Bank sei zu billig nach Bayern verschleudert worden. Im Klagenfurter Landtag wurde daher sogar ein Untersuchungsausschuss eingerichtet.

Die Entwicklung im Nachhinein belastet mich außerordentlich. Ich gebe offen zu: Ich weiß nicht, ob ich, wenn ich nach der Wahlniederlage der CSU im September 2008 Ministerpräsident geblieben wäre, heute nach Bekanntwerden des Desasters um die HGAA noch im Amt wäre. Auch wenn ich mir persönlich nichts vorzuwerfen habe, außer dass ich mich wie viele andere in der Einschätzung des Kaufs der HGAA geirrt habe (bzw. möglicherweise bewusst getäuscht wurde): Es gibt eine politische Verantwortung, die nichts mit persönlicher Schuld zu tun hat, sondern mit politischem Anstand.

Umgang mit Fehlern

Dabei ist es eine spannende Frage, wie wir als Menschen, aber gerade auch als Politiker, mit Fehlern umgehen. Manchmal habe ich spaßeshalber gesagt, dass man als Politiker nicht über Fehler sprechen muss, weil das schon die Opposition tut bzw. die Medien. Doch es gehört zur Wahrhaftigkeit dazu, dass man sich auch zu seinen Fehlern bekennt. Christen können das wahrscheinlich leichter als andere, weil sie wissen, dass Gott uns nicht wegen unserer Leistungen, sondern trotz unserer Fehler liebt. Es ist aber auch wichtig für unsere politische Kultur, dass wir Irrtümer, falsche Einschätzungen und auch Fehler zugeben.

Die Kehrseite freilich ist – und auch das ist eine Frage der politischen Kultur –, dass nicht jeder Fehler gleich zu Rücktrittsforderungen führt. So richtig es ist, politische Verantwortung zu übernehmen, so fatal wäre es, wenn in der Öffentlichkeit der Eindruck entstände, nur fehlerfreie Menschen dürften wichtige Positionen einnehmen. Denn fehlerfreie Menschen gibt es nicht. Der Sozialethiker Heinrich Bedford-Strohm fragt in diesem Zusammenhang: »Kann die klare Anerkenntnis von Versäumnissen und die ehrliche Entschuldigung bei denen, die unter diesen Versäumnissen zu leiden, manchmal schlimm zu leiden hatten, nicht vielleicht eine genauso kraftvolle Möglichkeit sein? Kann jemand, der Fehler gemacht hat und aus ihnen gelernt hat, nicht vielleicht umso besser leiten?« Seine Folgerung: »Die enge Verbindung zwischen Verantwortung übernehmen und Zurücktreten muss aufgebrochen werden. Auch der Verbleib im Amt kann angesichts der segensreichen Wirkungsmöglichkeiten, die damit erhalten bleiben, eine verantwortliche Entscheidung sein. Mit Kleben an dem eigenen Sessel hat das nichts zu tun.«[23] Auch wenn Bedford-Strohm damit Rücktritte in der Kirche im Blick hatte – der Grundgedanke gilt auch für die Politik.

Vor diesem Hintergrund bedauere ich beispielsweise den Rücktritt der ehemaligen EKD-Ratsvorsitzenden Margot Käßmann nach ihrer Alkoholfahrt – so sehr ich die Gründe dafür nachvollziehen kann. Mit ihrem Bleiben hätte sie zeigen können, dass auch Bischöfe Sünder sind, die auf Gottes Vergebung angewiesen sind – wie auch ich. Auch ich bin in meinem Amt vor Gott und Menschen schuldig geworden. Das beginnt im Umgang mit Mitarbeitern und endet nicht bei Entscheidungen, bei denen ich die Anliegen einer Seite vielleicht zu wenig berücksichtigt habe: Wie schnell kann es im Alltagsgeschäft geschehen, dass man sich über die Rechte und Interessen eines Beteiligten hinwegsetzt – seien es die Anliegen von Naturschützern, Bauern oder Grundstücksbesitzern. Um ein konkretes Beispiel zu nennen: Im Rahmen der Polizeireform hatte ich mich sehr über das Verhalten des Polizeidirektors von Schweinfurt geärgert, der sich aus meiner Sicht nicht loyal verhalten hatte. Es kam zu einer Versetzung zur Münchner Bereitschaftspolizei. Im Nachhinein bin ich zum Ergebnis gekommen, dass ich in dieser Situation überreagiert habe. Daher habe ich ihm gesagt, übrigens nicht nur unter vier Augen, sondern auch bei einer Feier seiner Einheit, dass ich das bedauere und dass ihn das in seiner Ehre als Polizist nicht beeinträchtigen soll.

Ich muss einfach noch einmal betonen: Ich kann mir mein Leben weder im Privaten noch im Politischen ohne die Dimension der Vergebung vorstellen. Ohne diese Dimension könnte man manchmal unter der Last der Verantwortung zusammenbrechen. Am klarsten war mir das bei einer meiner schlimmsten Entscheidungen, die ich als Innenminister zu treffen hatte. Da waren zwei österreichische Schwerverbrecher aus dem Gefängnis ausgebrochen, hatten bei Passau erst eine Frau vergewaltigt und dann ermordet, und hatten dann erneut eine Frau in ihre Gewalt gebracht. Ich habe damals ohne zu zögern entschieden, dass die Polizei eine künstliche Sperre auf der Autobahn errichtet, ich gab Scharfschützen die Erlaubnis, mit einer Spezialmunition zu schießen, bei der bereits kleine Treffer tödlich wirken. Nur durch einen Zufall hat der Waffeneinsatz nicht zum Tod der Verbrecher geführt – der eine hatte schon vorher den Fluchtwagen verlassen, der andere wurde nur am Handgelenk getroffen. Ich weiß: Durch so einen Befehl wird man schuldig, ohne Vergebung könnte man gar nicht mehr weiterarbeiten. Wichtig ist, dass ich mich selbst immer wieder überprüfe. Nur wer bereit ist, sich selbst kritisch zu hinterfragen, kann weiterkommen und wirklich verantwortlich handeln – für sich selbst ebenso wie für andere.

Der Glaube trägt – auch in Niederlagen

Unser Christenglaube ist Ruhepol und festes Fundament. Er bildet einen verlässlichen Maßstab für die vielen Entscheidungen im Alltag und er gibt Kraft. Nicht immer nimmt Gott alle Lasten ab, aber er hilft tragen. »Der Herr ist mein Hirte«, so heißt es im bekannten Psalm 23, »und ob ich schon wanderte im finstern Tal, fürchte ich kein Unglück.« Und dieses Unglück ist meistens sehr relativ. Lebenssinn und Selbstwertgefühl gehen bei einem auf Gott vertrauenden Christen nicht gleich kaputt, wenn die Dinge einmal nicht ganz so toll laufen – ich weiß, wovon ich spreche. Freilich hat mir auch meine Frau geholfen, mit Niederlagen gut umzugehen. So 1987, als es nach dem ersten Wahlgang noch so aussah, als könnte ich Oberbürgermeister von Nürnberg werden, ich allerdings dann im zweiten Wahlgang scheiterte. Meine Frau mahnte mich damals: »Günther, sei nicht so wehleidig. Es ist doch selbstverständlich, dass manche Träume nicht in Erfüllung gehen.« Natürlich war ich auch enttäuscht, als im Herbst 2005 der Traum vom Amt des bayerischen Ministerpräsidenten durch die Entscheidung Edmund Stoibers, nicht ins Bundeskabinett zu wechseln, so plötzlich ausgeträumt schien. So nah dran am schönsten Amt, das Bayern zu bieten hat! Als mich kurz darauf Papst Benedikt XVI. in einer Privataudienz für die CSU-Landtagsfraktion auf dieses Thema ansprach, meinte ich: »Der Mensch denkt, Gott lenkt.« Erneut kam alles anders als gedacht, und noch ein weiteres Mal wendete sich das Blatt komplett. Was für ein zeitliches Zusammentreffen war es, dass ich am 27. Oktober 2008 in der Augsburger St. Anna-Kirche einen Vortrag über »Macht und Ohnmacht der Politik« zu halten hatte – bei der Zusage dieses Referats hätte ich mir niemals träumen lassen, dass eben dies der Tag meines Abschieds aus dem Amt als bayerischer Ministerpräsident sein würde …

So enttäuscht ich über das Wahlergebnis meiner Partei war, so gern ich auch dieses wunderbare Amt des bayerischen Ministerpräsidenten länger ausgeübt hätte, so deutlich wurde in dieser Konstellation doch, dass Ämter in einer Demokratie wirklich nur auf Zeit vergeben sind. Dass Macht durch den Wähler begrenzt wird – und dies eben auch in Bayern. Wieder hat mir mein Christsein geholfen, mit dieser Enttäuschung gelassen umzugehen: Ich weiß, ich bin in Gottes Hand, und so wie es gekommen ist, war es eben der Wille meines Herrgotts. Außerdem sagt mir der zu Beginn dieses Buches erwähnte Heilige Antonius heute – wenn ich das mit einem Augenzwinkern anfügen darf –, dass ein Ministerpräsident a. D. vor Gott keinen niedrigeren Rang hat als der Amtsträger.

Anstelle eines Nachworts: Gedanken zu Psalm 90

Psalm 90

Ein Gebet Moses, des Mannes Gottes.
Herr Gott, du bist unsere Zuflucht für und für.
Ehe denn die Berge wurden und die Erde und
die Welt geschaffen wurden,
bist du, Gott, von Ewigkeit zu Ewigkeit.
Der du die Menschen lässest sterben und sprichst:
Kommt wieder, Menschenkinder!
Denn tausend Jahre sind vor dir wie der Tag,
der gestern vergangen ist,
und wie eine Nachtwache.
Du lässest sie dahinfahren wie einen Strom,
sie sind wie ein Schlaf,
wie ein Gras, das am Morgen noch sprosst,
das da frühe blühet und bald welk wird und
des Abends abgehauen wird und verdorret.
Das macht dein Zorn, dass wir so vergehen,
und dein Grimm, dass wir so plötzlich dahin müssen.
Denn unsere Missetaten stellst du vor dich,
unsere unerkannte Sünde ins Licht vor deinem Angesichte.
Darum fahren alle unsere Tage dahin durch deinen Zorn,
wir bringen unsere Jahre zu wie ein Geschwätz.
Unser Leben währet siebzig Jahre, und wenn's hoch kommt,
so sind's achtzig Jahre;
und wenn's köstlich gewesen ist, so ist's Mühe und Arbeit gewesen;
denn es fähret schnell dahin, als flögen wir davon
Wer glaubt's aber, dass du so sehr zürnest?
Und wer fürchtet sich vor solchem deinem Grimm?

Lehre uns bedenken, dass wir sterben müssen,
auf dass wir klug werden.
Herr, kehre dich doch endlich wieder zu uns und
sei deinen Knechten gnädig.
Fülle uns frühe mit deiner Gnade,
so wollen wir rühmen und fröhlich sein unser Leben lang.
Erfreue uns nun wieder, nachdem du uns so lange plagest,
nachdem wir so lange Unglück leiden.
Zeige deinen Knechten deine Werke und deine Ehre ihren Kindern.
Und der Herr, unser Gott, sei uns freundlich und
fördere das Werk unserer Hände bei uns.
Ja, das Werk unserer Hände wollest du fördern!

Vielleicht kennen Sie das Gedicht »Es ist alles Eitel« von Andreas Gryphius, geschrieben im Jahre 1637 unter dem Eindruck des Dreißigjährigen Kriegs. Das Gedicht enthält viele Antithesen, die die Vergänglichkeit des Lebens und des Schönen brutal deutlich machen. Wie diese:
»Was dieser heute baut, reißt jener morgen ein; Wo ietzundt städte stehn, wird eine Wiese seyn, [...]«
Oder, an anderer Stelle:
»Was itzundt prächtig blüth, sol bald zutreten werden;
Was itzt so pocht und trotzt, ist morgen asch und bein.«
Diese Antithesen erinnern mich stark an den Psalm 90. Denn erst wird Gott in diesem Text als unsere Zuflucht bezeichnet, als Synonym für die Ewigkeit. Dann aber erfahren wir vom Zorn des Herrn – von einem unbändigen Zorn, der unser Leben wie im Fluge vergehen lässt. Verdinglicht werden wir Menschen in diesem Psalm zum Gras, das welkt nach allzu kurzer Blüte. Gerade so, als wären wir Eintagsfliegen und nicht Menschen, Ebenbilder Gottes!
So viel Brutalität tut weh. Und sie trifft uns ins Mark, denn ist es nicht vor allem unsere Vergänglichkeit, mit der wir zu kämpfen haben? Beruflichen Erfolg, Geld, schicke Klamotten, den idealen

Body-Mass-Index, Bekanntheit und Beliebtheit – das alles kann man mehr oder minder aus eigener Initiative erreichen, das alles hat man irgendwie selbst in der Hand. Aber die Vergänglichkeit? Das Gemeine an der Vergänglichkeit ist, dass sie uns Teilerfolge im Kampf gegen sich selbst zugesteht. Diese Teilerfolge können beim plastischen Chirurgen errungen werden oder durch alle möglichen und unmöglichen körperkultischen Verrenkungen. Aber diese Teilerfolge machen auch süchtig. Und vor allem: Sie ändern nichts am Letztsieg der Vergänglichkeit. Es ist nicht zu ändern: »Was itzt so pocht und trotzt, ist morgen asch und bein.«

Der Psalm 90 wäre aber nicht mein Lieblingspsalm, wenn in ihm neben so brutaler Direktheit nicht auch ein großer Trost für uns Menschen enthalten wäre. Es ist dieser Trost die Nachricht, dass Gott größer ist als die Zeit, deren Ablauf uns so zu schaffen macht. Gott ist überzeitlich: Er ist *vor* der Welt, von Ewigkeit zu Ewigkeit, und tausend Jahre sind ihm wie ein Tag.

Jetzt verstehen wir auch, warum Gott in diesem Psalm allem Zorn zum Trotz als unsere Zuflucht bezeichnet wird: Seine Ewigkeit hebt unsere Vergänglichkeit auf! Seine Ewigkeit ist es, die unser Leiden an der eigenen Zeitlichkeit lindert, weil sie größer ist als alles Vorübergehende auf dieser Welt. Und wir Menschen haben das große Glück, in diese Ewigkeit eingehen zu dürfen – egal, ob wir in unserem Leben arm waren oder reich, dumm oder gescheit, ein Nobody oder ein Superstar. Diese Gewissheit der Ewigkeit ist ein Trost, der letztlich alles menschliche Gebrechen und alle menschliche Vergänglichkeit überstrahlt.

Noch ein Punkt, der mir wichtig ist: Psalm 90 spendet uns nicht nur den Trost der Ewigkeit. Er appelliert auch an uns, sich dieses Trostes bereits im Irdischen bewusst zu sein. Die Versuchung, dies in unserer zeitlichen Befangenheit gerade *nicht* zu tun, ist groß. Zu sehr verstellt das irdische Hamsterrad, in dem wir täglich laufen, den Blick auf die Ewigkeit. Auch Andreas Gryphius beklagt sich in dem erwähnten Gedicht über seine im Diesseits und in der Endlichkeit allzu sehr gefangenen Zeitgenossen, wenn er schreibt: »Noch wil, was ewig ist, kein einig mensch betrachten.«

Psalm 90 macht aus dieser Klage eine Bitte an den Herrn. Moses bittet ihn, indem er sich direkt an ihn wendet: »Lehre uns bedenken, dass wir sterben müssen, auf dass wir klug werden.« Wie an keiner anderen Stelle des Textes konzentriert sich in dieser Bitte der Appell an den Menschen zu einem Mehr an transzendentalem Bewusstsein.

Und noch einmal blitzt an dieser Stelle die Direktheit des Psalms auf, die ich so sehr schätze: Wir sind klug, wenn wir uns unserer Endlichkeit bewusst sind, und – so der unausgesprochene Zusatz – dumm, wenn nicht. Aus so verstandener Klugheit resultieren Ruhe und innerer Frieden – und nicht zuletzt jene Kraft, die uns die Herausforderungen des Irdischen mit Würde und Augenmaß bewältigen lässt. Das »Memento mori« des Psalms 90 eröffnet die schönste Antithese, die wir Christen uns vorstellen können: das Gegenüber von Vergänglichkeit auf der einen und der Gewissheit der Errettung im Herrn auf der anderen Seite. Über diese Gewissheit bin ich von ganzem Herzen froh.

Bildnachweis

Die Seitenangaben beziehen sich auf den Bildteil

S. 1: Günther Beckstein, © privat / S. 2: Günther Beckstein 1944, 5 Monate alt, © privat; Günther Beckstein als Kleinkind, © privat / S. 3: Günther Beckstein am 1. Schultag 1949, © privat; Günther Beckstein: Ausflug mit der 1. Klasse (1950), © privat / S. 4: Günther Beckstein als Konfirmand 1957, © privat; Günther Beckstein auf einer Jungenschaftsfreizeit, © privat / S. 5: Günther und Marga Beckstein, © privat / S. 6: Günther Beckstein und seine Kinder, © Herbert Voll; Günther Beckstein und seine Kinder (ca. 1982), © Bernd Hafenrichter / S. 7: Günther Beckstein mit Familie (ca. 1990), © Siegfried Müller; Günther Beckstein mit Vater Dr. Julius Beckstein, © privat / S. 8: Günther Beckstein im Wahlkampf (1987), © Günter Kögler / S. 9: Vereidigung von Günther Beckstein als Staatssekretär (1988), © Heinrich Firsching; Günther Beckstein mit Karl Hillermeier, © Erich Guttenberger / S. 10: Interview mit Rainer Kretschmann, © privat; Günther Beckstein (1990) mit Bundeskanzler Kohl und dem Bayerischen Ministerpräsident Max Streibl, © privat/ S. 11: Bill Clinton, Günter und Marga Beckstein, © Foto: Roman Job /www.romanjob.de; Vereidigung von Günther Beckstein als Ministerpräsident durch Landtagspräsident Alois Glück, © privat / S. 12: Günther Beckstein und UN Generalsekretär Kofi Annan, © facesbyfrank; Günther Beckstein mit Susanne Breit-Keßler und Ulrich Parzany, © Frank Uphoff / S. 13: Günther Beckstein auf dem Christkindlesmarkt Nürnberg, © Xaver Gerngroß / S. 14: Besuch als Ministerpräsident beim Papst (2007), © fotografia felici; Günther und Marga Beckstein beim Oktoberfestzug 2008, © privat / S. 15: Günrher und Marga Beckstein beim Neujahrsempfang des Bayerischen Ministerpräsidenten (2008), © Laszlo Bacs / S. 16: Porträt Günther Beckstein, © Hagen Gerullis

Trotz intensiver Nachforschungen konnten leider nicht alle Rechteinhaber ermittelt werden. Der Verlag dankt für Hinweise.

Anhang

[1] Ulrich Parzany, Auf Leben programmiert – wer kennt die Zehn Gebote? Predigt bei der ProChrist-Veranstaltung am 22.03.2006.

[2] Eberhard Schockenhoff, Leidenschaft für die Wahrheit, in: Die Politische Meinung Nr. 395, Sankt Augustin, Oktober 2002, S. 23 f.

[3] Helmut Matthies, Wider die feigen Gotteslästerer, in: ideaSpektrum vom 08.04.2010, Wetzlar, S. 3.

[4] zitiert nach Evelyn Roll, Fatwa 2012, in: Süddeutsche Zeitung vom 17.11.2009, S. 12.

[5] Margot Käßmann, Wenn dein Kind dich morgen fragt. In: Klaus Hofmeister/Lothar Bauerochse (Hg.), Du sollst ... leben! Würzburg, 2005, S. 20.

[6] Robert Spaemann, Grenzen. Zur ethischen Dimension des Handelns, Stuttgart 2001, S. 273 ff.

[7] Lars Bruckhorst, Scheinheilige Diskussion, in: Süddeutsche Zeitung vom 30.06.2010, S. 41.

[8] Siegfried Zimmer in: Andreas Malessa, Die Alten leben auf Kosten der Jungen!? In: Hofmeister/Bauerochse, a.a.O., S. 79.

[9] Reimer Gronemeyer, Die Zehn Gebote des 21. Jahrhunderts. Moral und Ethik für ein neues Zeitalter, Düsseldorf 1999, S. 151.

[10] Neil Postman, Das Verschwinden der Kindheit, Frankfurt 1987, S. 7.

[11] Wolfgang Huber, »Der Beruf zur Politik« – Zwanzig Jahre Demokratiedenkschrift der EKD, Vortrag beim Johannisempfang am 20. Juni 2005 in Berlin.

[12] Meinhard Miegel, Die deformierte Gesellschaft, Berlin-München 2002, S. 21 f.

[13] Hansjörg Hemminger, Ja zum Frieden, der Geschenk und Aufgabe ist. In: Ludwig-Hofacker-Vereinigung (Hg.), Dem Glauben Raum im Leben geben, Korntal 2005, S. 147.

[14] Sekretariat der Deutschen Bischofskonferenz, Gerechter Friede, Bonn 2000, S. 86.

[15] vgl. Rainer Mayer, Kann man heute noch von einem »gerechten Krieg« reden? in: ideaSpektrum vom 30. Januar 2003.

[16] Robert Spaemann. Wider die Totmacher, in: Cicero, Juli 2007.

[17] Michael Herbst, Würde bis zum Ende. Menschlich sterben, Vortrag beim Treffen der christlichen Lebensrechtsgruppen, Kassel 2003.

[18] Matthias Schreiber, »Gebt dem Kaiser…« Die Steuersünden und die Wurzel des ganzen Übels, in: ideaSpektrum vom 10. Februar 2010, S. 3.

[19] Horst Stricker, Wie sollen wir denn leben? Christsein im Spannungsfeld von Moral, Beliebigkeit und Evangelium, Kassel 2004, S. 92.

[20] Wilhelm Röpke, Jenseits von Angebot und Nachfrage, Erlenbach-Zürich und Stuttgart, 1958.

[21] Albrecht Fürst zu Castell-Castell u. a. Frage?zeichen. Denk!mal, Castell 2009.

[22] Peter Hahne, Suchet der Stadt Bestes, Lahr/Schwarzwald 2008, S. 42.

[23] Heinrich Bedford-Strohm, War der Rücktritt nötig? in: Evangelische Zeitung vom 25. 07. 2010, Hamburg.